ALABAMA

CENSUS RETURNS

1820

90 – 608

ALABAMA

CENSUS RETURNS

1820

and

An Abstract of Federal Census of Alabama 1830

Reprinted from

The Alabama Historical Quarterly
Volume 6, Number 3, Fall Issue, 1944

Published by the

State Department of
Archives and History

Baltimore
GENEALOGICAL PUBLISHING CO., INC.
1980

Originally published in *The Alabama Historical Quarterly*
Volume 6, Number 3, 1944
Reprinted, with permission of the State of Alabama
Department of Archives and History,
by Genealogical Publishing Co., Inc.
Baltimore, 1967, 1971, 1980
Library of Congress Catalogue Card Number 67-28599
International Standard Book Number 0-8063-0003-5
Made in the United States of America

CONTENTS

3

PREFACE TO ORIGINAL EDITION

This issue of the Alabama Historical Quarterly, No. 3, of Vol. 6, is devoted to the publication of the first Census records of Alabama for eight counties for the year 1820 and an abstract of the Federal Census of Alabama for the year 1830. The Department of Archives and History has tried for years to locate the Census returns for other Counties covering the period but has so far failed. Not even the Census Bureau at Washington, D. C., has these early returns.

Mrs. Gertrude Worthington Jeffries, of Birmingham and Boligee, Alabama, has given money to the Department as a memorial to her late husband, Frank M. Jeffries, to be expended for such other Census returns as may be found for 1830, 1840, 1850, 1860 and 1870. Copies of some Alabama County Census returns were located in Washington, D. C., at the Census Bureau by Dr. Clanton Williams, Professor of History at the University of Alabama. He had microfilm copies made from these originals which are in the Amelia Gayle Gorgas Library at the University, and are being copied and indexed by Mrs. Pauline Jones Gandrud, of Tuscaloosa, for the Department.

The Census returns for the eight Alabama Counties herewith presented were prepared under the direction of Miss Frances M. Hails, State Archivist, with the aid of Mrs. Mary Livingston Akin, her assistant in the archival division of the Department. Mrs. Akin is painstaking and accurate in her work and in addition to copying old historical records she also has charge of the portograph machine for reproducing original records. These records from our archival material are frequently called for by students and business organizations, and prove of great help to both.

MARIE BANKHEAD OWEN,

Editor

ALABAMA IN 1820

The Formative Period in Alabama 1815-1828, by Abernathy, p. 164.

AN ACT

Authorizing the taking the Census of the Alabama Territory

Section 1. Be it enacted, by the Legislative Council and House of Representatives of the Alabama Territory, in General Assembly convened, That it shall be the duty of all the inhabitants of this territory, being heads of families, and persons not belonging to any particular family, to render a true and faithful estimate to the Assessors of taxes in their respective counties; such estimates from heads of white families to be on oath, and contain an enumeration of the whole number of inhabitants belonging to his or her family. Making a correct distinction between the number of white males over twenty-one years of age; white males under twenty-one years of age; white females over twenty-one years, white females under twenty-one years, the total of free people of color, Indians not taxed excepted; and the total of slaves.

Section 2. And be it further enacted, that it shall be the duty of the Assessor of taxes in each and every county within this Territory, to claim and receive of all heads of families, and other persons as described in the preceding section, the estimate which they are therein required to furnish. The oath required of the heads of families as aforesaid shall be administered by the said Assessors in each respective County and form as follows, to wit:

"You do solemnly swear (or affirm, as the case may be) that the estimate which you now render, contains a true and faithful enumeration of the number of inhabitants of which your family consists, with the proper distinction of sexes, age, and color, So help you God."

Section 3. And be it further enacted, that if any person shall fail to make a return of him or herself and family, or any part thereof, being thereunto requested by the said Assessors, or shall knowingly, make a false or improper return, he or she shall be fined in the sum of Fifty Dollars, to be recovered before any Justice of the Peace or of the Quoram of the County, one half thereof to the use of the informer and the other half to be paid into the County Treasury.

Section 4. And be it further enacted, that in addition to the penalty prescribed in the preceding section, if any person shall, knowingly, make a false or incorrect return of his or her family, as directed by this Act, he or she shall be liable to all the pains and penalties provided by law against perjury.

Section 5. And be it further enacted, that the following form shall be adopted and used by each and every Assessor in the Territory, for the classification of the inhabitants thereof:

FORM TO BE USED

Names of the heads of families
White males over twenty one years
White males under twenty one years
White females over twenty one years
White females under twenty one years
Total of white inhabitants
Total of free people of color
Total of slaves
Total of Inhabitants

Section 6. And be it further enacted, that each and every assessor in this Territory, shall, before he enters on the duties of his office, in addition to the oath required of him by law, as assessor, take and submit before some person authorized to administer the same, an oath in the following form, towit: I A. B. do solemnly swear (or affirm, as the case may be) that I will take the Census of the County of _____, according to the true intent and meaning of this act, to the best of my knowledge, So help me God; which said oath, sworn and subscribed to, shall be transmitted, together with a copy of said enumeration, agreeably to the foregoing form to the Executive of this Territory and also another copy of the enumeration, in form as aforesaid, to the Speaker of the House of Representatives of the Territory on or before the first day of the next session of the General Assembly, and each and every assessor failing to comply with the requisitions of this Act shall be fined in the sum of Seven Hundred and Fifty dollars, recoverable before any Court of competent jurisdiction, one half thereof, to the use of the informer and the other half to be paid into the Territorial Treasury.

Section 7. And be it further enacted, that each and every Assessor in this Territory shall be allowed as a compensation for taking the census in his county, One dollar and twenty-five cents for every hundred inhabitants and the Auditor is hereby required to issue his warrant on the Territorial Treasurer in favor of such assessor for the same upon the certificate of the Governor that a copy of such census is delivered to him, in which certificate the total of inhabitants in each county shall be specified.

GABRIEL MOORE, Speaker of

the House of Representatives

JAMES TITUS, President of the

Legislative Council

Approved 9th February 1818

Wm. W. BIBB

Governor of the Alabama

Territory

DANL. COLEMAN, Clk
February 7th 1818.

(From the original Manuscript Act as passed by the Legislative Council of the Territory of Alabama.)

CAHABA.

The following abstract exhibits the strength of the different counties, and the assessments of each; by which it will appear that the northern part of the State is much more populous and also pays more to the support of government, than the southern.

ABSTRACT of the Census of the State of Alabama, together with the Assessments in each County, for the year 1820.

Counties	Slaves	Whites	Ag'gate including free blacks	Amount of Assessment $ Cents
Autauga	1,665	2,096	3,763	$ 1,167.61
Butler	531	763	1,294	434.24
Blount				247.75
Clarke	217	3,715	5,905	2,647.64
Conecuh	1,919	3,613	5,549	1,225.08
Cotaco	822	4,087	4,919	856.66
Cahawba	727	2,547	3,278	602.92
Dallas	2,520	3,121	5,646	3,207.53
Franklin	1,436	2,817	4,258	1,194.04
Greene	1,580	2,878	4,468	933.75
Jackson	357	5,246	5,603	461.34
Jefferson	707	3,345	4,114	965.93
Lauderdale	1,013	3,338	4,365	1,335.05
Lawrence	2,423	4,782	7,223	2,165.65
Limestone	2,586	5,727	8,313	2,282.58
Madison	9,323	10,242	19,619	9,254.95
Marengo	845	1,891	2,752	662.97
Monroe	3,695	4,511	8,206	2,995.92
Montgomery	2,602	3,827	6,443	2,180.07
Perry	830	2,512	3,344	564.10
St. Clair	531	3,188	3,733	462.17

Counties	Slaves	Whites	Ag'gate including free blacks	Amount of Assessment $ Cents
Shelby	448	2,044	2,492	407.62
Tuscaloosa	2,253	5,069	7,329	1,757.09
Washington	1,645	2,616	4,281	2,257.76
Wilcox	1,005	1,420	2,428	917.41
Total	43,714	83,286	129,227	$ 41,187.89

From the Counties of Blount, Baldwin, Henry, Marion and Mobile, no returns have been made. Of the above assessment, only $18,677.29 have been received into the Treasury. The balance of more than $22,000.00 is still due the State, a considerable portion of which it is supposed will never be collected. We understand the County Court neglected to take from him the requisite security; of course the taxes from that County will be a dead loss to the State.

(The Alabama *Republican*
Published by John Boordman, Printer of the Laws of the Union

Huntsville, Alabama
Friday Dec. 1, 1820
Page 2, Col. 5)

12

ALABAMA IN 1830

The Formative Period in Alabama 1815-1828, by Abernathy, page 177.

Secretary of State's Office,

Tuscaloosa, Nov. 13, 1832.

Hon. Saml. W. Oliver, Speaker House of Rep.

Sir—In compliance with a resolution of the House of Representatives of the 9th inst. "That the Secretary of State furnish the House with a statement shewing the number of white population and the slaves in each county in this state, which was taken under the late Act of Congress of the United States," I have the honor respectfully to transmit herewith a report which furnishes the information required, together with the number of free persons of color, which was not called for by the resolution, but which may not be deemed irrelevant to the object of the call.

I have the honor to be, with great respect,

Your obedient servant,

JAMES I. THORNTON.

AGGREGATE AMOUNT OF EACH DESCRIPTION OF PERSONS WITHIN THE STATE OF ALABAMA

Counties	Whites	Slaves	Free Col'd	Total
Madison	13,855	13,977	158	27,990
Limestone	8,077	6,689	41	14,807
Jefferson	5,121	1,715	19	6,855
Walker	2,033	168	0	2,201
Marion	3,452	600	6	4,058
Morgan	6,126	2,894	42	9,062
Lawrence	8,361	6,556	67	14,984
St. Clair	4,818	1,154	3	5,975
Franklin	6,069	4,988	21	11,078
Lauderdale	7,960	3,795	26	11,781
Blount	3,882	330	21	4,233
Jackson	11,418	1,264	18	12,700
Mobile (including city)	3,440	2,281	546	6,267
Baldwin	965	1,263	96	2,324
Monroe	5,165	3,541	76	8,782

AGGREGATE AMOUNT OF EACH DESCRIPTION OF PERSONS
WITHIN THE STATE OF ALABAMA

Counties	Whites	Slaves	Free Col'd	Total
Dallas	6,794	7,160	63	14,017
Pickens	4,974	1,631	17	6,622
Bibb	5,113	1,192	1	6,306
Montgomery	6,180	6,450	65	12,695
Clarke	3,894	3,672	29	7,595
Shelby	4,549	1,139	16	5,704
Butler	3,904	1,739	7	5,650
Henry	3,005	1,009	6	4,020
Marengo	4,549	3,138	13	7,700
Greene	7,585	7,420	21	15,026
Pike	5,204	1,878	26	7,108
Perry	7,149	4,318	23	11,490
Conecuh	3,812	3,618	14	7,444
Autauga	5,867	5,990	17	11,874
Wilcox	5,442	4,090	16	9,543
Fayette	3,035	512	0	3,547
Dale	1,757	269	5	2,031
Covington	1,118	396	8	1,522
Washington	1,924	1,532	18	3,474
Lowndes	5,001	4,388	21	9,410
Tuscaloosa	8,807	4,783	46	13,646
	190,405	117,549	1,572	309,526

(The Southern Advocate
Huntsville, Alabama
Nov. 24, 1832
Page 3, Col. 2.)

BALDWIN COUNTY CENSUS 1820*

Names of the heads of families.
(1)—White males over twenty one years.
(2)—White males under twenty one years.
(3)—White females over twenty one years.
(4)—White females under twenty one years.
(5)—Total white population.
(6)—Total of free people of colour.
(7)—Total of slaves.
(8)—Total of inhabitants.

	(1)	(2)	(3)	(4)	(5)	(6)	(7)	(8)
Chastang, Louisa	0	0	0	0	0	29	13	42
Andra, John	0	0	0	0	0	14	15	29
Dubrocar, Mea	3	0	0	0	3	10	12	25
Durette, Namereth	1	0	1	0	2	6	13	21
Pope, N.	2	1	0	0	3	0	4	7
Faggard, Daniel	1	3	1	1	6	0	0	6
Roberson, D.	1	1	1	2	5	0	2	7
Bates, J. P.	2	1	0	0	3	1	1	5
Faggard, Henry	1	1	1	0	3	0	0	3
Cotten, Daniel	1	2	1	1	5	0	0	5
Toulmin, H.	4	1	1	3	9	0	23	32
Thomas, W.	1	2	1	0	4	0	2	6
Crabtree, L.	2	2	1	1	6	0	0	6
Dupree, H.	1	2	1	1	5	0	9	14
Bates, Joseph	2	2	1	1	6	0	9	15
Briant J.	1	2	1	1	5	0	5	10
Hollinger, Alex	1	1	1	1	4	0	24	28

* This and all following Census data are from Alabama Official Archives. Family names are spelled as recorded and original forms followed as near as possible. The official Census returns for the other Counties for 1820 have not been located.

BALDWIN COUNTY CENSUS 1820

	(1)	(2)	(3)	(4)	(5)	(6)	(7)	(8)
Hollinger, Mary	1	1	1	1	4	3	47	54
Tuttle, W.	1	0	1	0	2	0	1	3
Crawford, Mason	1	3	1	4	9	0	0	9
Heartly, D.	1	2	1	0	4	0	0	4
Wilkinson, J.	1	1	1	1	4	0	0	4
Tyrus, J.	1	2	1	1	5	0	0	5
Johnson, Isaac	1	1	1	1	4	2	8	14
Johnson, Joseph	3	0	1	1	5	0	14	19
Johnson, Jr. John	1	1	1	0	3	0	20	23
Johnson, James	3	3	1	2	9	0	22	31
Reaves, R.	1	0	0	0	1	0	5	6
Rain, C.	2	3	1	3	9	1	9	19
Lewis, R.	1	2	0	0	3	0	14	17
Anderson, T.	1	4	1	4	10	0	1	11
Graves, Phillip	3	5	2	4	14	0	0	14
Slade, H.	2	4	1	3	10	0	35	45
Munger, H.	5	3	1	2	11	0	9	20
Strong, T. I.	3	1	2	1	7	0	44	51
Kenedy, J.	1	1	1	2	5	1	7	13
Roberson, J.	1	1	1	2	5	0	0	5
Sulevent, Owen	1	6	1	2	10	0	2	12
Sulevent, Plem	1	1	1	2	5	0	0	5
Wheat, J.	2	3	1	0	6	0	3	9
Wheat, S.	1	1	1	3	6	0	10	16
Sulevent, T.	2	5	2	3	12	0	0	12
Bates, Martha	2	4	1	5	12	0	18	31
Mims, J.	2	1	1	0	4	1	22	27
Mims, H.	2	1	1	0	4	1	22	27
Dunn, Sarah	1	0	1	0	2	0	9	11

BALDWIN COUNTY CENSUS 1820

	(1)	(2)	(3)	(4)	(5)	(6)	(7)	(8)
Hinson, John	1	2	1	1	5	0	29	34
Montgomery, E.	2	1	1	2	6	0	17	23
Hogan, J. B.	2	0	1	2	5	0	8	13
Steadham, B.	3	1	1	1	6	0	9	15
Beard, H.	4	1	1	2	8	0	2	10
Pierce, W. A. J.	3	0	0	0	3	0	15	18
Wooten, Wm.	3	3	2	3	11	0	2	13
Maning, J.	2	3	1	1	7	0	0	7
McDonald, J.	1	2	1	4	8	0	8	16
McDonald, W.	2	1	1	4	8	0	0	8
McDonald, Ruben	1	0	1	0	2	0	2	4
Briars, L. J.	1	6	1	1	9	0	1	10
Melton, A.	2	0	1	5	8	0	16	24
Davis, T.	1	5	1	1	8	0	2	10
Wheler, W.	1	0	1	2	4	0	0	4
Rials, A.	2	1	1	4	8	0	0	8
Moye, J.	2	0	1	2	5	0	7	12
Pybern, J.	1	1	1	0	3	0	0	3
Blue, M.	1	3	1	2	7	0	10	17
Mitchell, W.	1	0	0	0	1	1	13	15
Fletcher, J.	2	1	1	1	5	0	12	17
Coady, H.	1	1	1	1	4	0	0	4
Jones, E.	2	0	0	2	4	0	10	14
Buford, W.	1	1	0	1	3	0	0	3
Lankester, E.	1	1	2	1	5	0	0	5
Gray, T. F.	1	5	2	1	9	0	0	9
Stepleton, J.	2	1	1	1	5	0	1	6
Bridges, F.	1	1	1	0	3	0	9	12
Stepleton, S.	1	2	2	2	7	0	1	8

BALDWIN COUNTY CENSUS 1820

	(1)	(2)	(3)	(4)	(5)	(6)	(7)	(8)
Crawford, Stepn	1	2	1	0	4	0	5	9
Walker, J.	1	3	1	3	8	0	0	8
Earls, J.	2	4	1	1	8	1	21	30
Miles, J.	1	2	0	2	5	0	2	7
Holmes, T. G.	3	0	0	1	4	0	4	8
Stepleton, W.	2	7	1	1	11	0	2	13
Harris, L.	2	4	1	4	11	0	30	41
Weatherford, W.	1	4	1	0	6	0	20	26
Huse, J.	1	1	1	0	3	0	0	3
Johnson, H.	1	4	1	5	11	0	0	11
Holder, J.	2	4	1	4	11	0	0	11
Jinkins, J.	1	2	1	0	4	0	8	12
McClain, Jos.	1	2	1	3	7	0	1	8
Laval, L.	1	2	1	1	5	1	11	17
Carter, H.	1	3	1	3	8	0	0	8
Harrel, R.	2	2	1	4	9	0	23	32
Cob, Jo.	1	2	1	4	8	0	0	8
Mann, John	2	2	1	0	5	0	20	25
Carney, T. B.	2	0	0	0	2	0	23	25
Cooldrige, N.	1	3	1	1	6	0	0	6
King, W.	2	1	1	2	6	0	21	27
Freman, E.	2	0	2	1	5	0	0	5
Lott, Jesse	1	5	1	6	13	0	0	13
Newton, I.	1	2	1	2	6	0	0	6
Ercoit, J.	1	1	1	2	5	0	0	5
Langford, E.	1	3	1	2	7	0	3	10
Jentry, David	2	1	1	1	5	0	0	5
Rany, H.	1	1	1	2	5	0	1	6
Ervin, S.	2	0	1	1	4	0	48	52

BALDWIN COUNTY CENSUS 1820

	(1)	(2)	(3)	(4)	(5)	(6)	(7)	(8)
Murphy, M.	1	1	1	0	3	0	0	3
McGill, H.	1	1	0	1	3	0	0	3
Ellis, W.	1	2	1	5	9	0	0	9
Gruning, W. H.	1	2	0	0	3	0	46	49
Toulmin, T. L.	4	2	0	2	8	0	6	14
Tate, David	2	3	1	4	10	0	80	90
	167	178	100	167	612	72	905	1,589

Total of inhabitants fifteen hundred & eighty nine Nov. 6, 1820

Theopolilus L. Toulmin,

Assessor for Baldwin County.

The Alabama State Dr.

to

T. L. Toulmin,

for *taken* the census of

Baldwin County for the

year 1820 @ $1.75 per 100

Persons . . . . . . $26.25.

E. Esccepted

November 6th, 1820.

T. L. Toulmin.

CONECUH COUNTY CENSUS 1820

Names of the heads of families.
(1)—White males over twenty one years.
(2)—White males under twenty one years.
(3)—White females over twenty one years.
(4)—White females under twenty one years.
(5)—Total white population.
(6)—Total of free people of colour.
(7)—Total of slaves.
(8)—Total of inhabitants.

	(1)	(2)	(3)	(4)	(5)	(6)	(7)	(8)
James Grace	1	1	1	3	11	0	0	11
Abram Baggett	2	2	2	2	8	0	0	8
Nathan Jenkins	1	0	0	2	3	0	6	9
Stephen Pipkin	2	0	2	0	4	0	0	4
John Dowdell	1	2	1	4	8	0	0	8
Henry Williams	1	1	1	2	5	0	2	7
Thomas Jackson	1	2	1	2	6	0	0	6
R. L. Deens	1	0	0	1	2	0	1	3
John Scogin	1	4	1	4	10	0	2	12
Joel Baggett	1	1	1	1	4	0	0	4
Willy Williams	1	1	1	1	4	0	5	9
Alexander Sanders	1	3	1	3	8	0	4	12
Martin Pipkin	1	2	0	1	4	0	0	4
Clarke Carter	1	0	0	2	3	0	2	5
Isaac Carter	1	4	1	2	8	0	7	15
Thomas Armstrong	1	5	1	4	11	0	9	20
Wylly Rogers	1	4	1	2	8	0	6	14
John H. Pickard	1	1	1	0	3	0	7	10
Robert Mosley	2	5	1	2	10	0	1	11
David Hendrick	1	3	1	3	8	0	12	20
Thompson Hemphill	1	3	1	1	6	0	2	8

CONECUH COUNTY CENSUS 1820

	(1)	(2)	(3)	(4)	(5)	(6)	(7)	(8)
William Fooshee	1	1	1	0	3	0	0	3
Joshua Peavy	1	1	1	5	8	0	0	8
Edmund Dean	1	6	1	2	10	0	1	11
Cunningham Sharp	1	1	1	1	4	0	0	4
Louis May	1	2	1	1	5	0	16	21
Fulden Straughn	1	4	1	2	8	0	2	10
Joseph Runnels	1	3	1	0	5	0	0	5
John Burt	1	3	1	4	9	0	0	9
Hiram Bruster	1	1	1	1	4	0	0	4
Daniel Gillespie	1	2	1	4	8	0	0	8
James W. Mann	1	0	0	0	1	0	3	4
Sherod Liles	1	2	1	4	8	0	0	8
Shadrick Walston	1	2	1	3	7	0	0	7
David Ketchium	1	0	0	1	2	0	0	2
Malcom McLeod	1	0	0	4	5	0	0	5
James Holmes	1	1	1	4	7	0	2	9
Aaron Lee	2	5	1	2	10	0	8	18
Lovard Ingram	1	1	0	2	4	0	2	6
Thomas Hawkins	1	0	1	1	3	0	1	4
Stephen Hawkins	1	3	1	1	6	0	0	6
John Hawkins	1	1	0	1	3	0	0	3
Samuel Collins	1	3	1	4	9	0	0	9
Joel Duke	2	2	1	1	6	0	0	6
Joshua Calloway	1	1	1	4	7	0	0	7
Georg G. A. Gage	1	1	1	2	5	0	0	5
Daniel Brown	1	3	1	4	9	0	0	9
Samuel Salter	1	6	1	4	12	0	0	22
Thomas Massey	1	0	1	1	3	0	10	13
James Tomlinson	1	3	1	1	6	0	18	24

CONECUH COUNTY CENSUS 1820

	(1)	(2)	(3)	(4)	(5)	(6)	(7)	(8)
William Bond	1	5	1	3	10	0	4	14
James Salter	1	7	1	2	11	0	8	19
Joel Lee	1	6	1	2	10	0	4	14
Samuel Yates	1	1	1	3	6	0	0	6
Isaac Betts	1	2	1	1	5	0	0	5
Thomas Jones	1	0	1	0	2	0	4	6
Jermiah Dean	1	4	2	1	8	0	0	8
Robert Kindrick	1	3	1	3	8	0	0	8
John Ethridge	1	2	1	0	4	0	0	4
Alex McDougald	1	0	0	0	1	0	0	1
William H. Shelton	2	2	1	3	8	0	0	8
Wm. Fuller	2	2	1	1	6	0	0	6
George W. Comens?	2	0	1	0	3	0	3	6
Daniel Simpson	1	1	1	0	3	0	0	3
Henry Hawsey	1	3	1	2	7	0	0	7
Charles Deakle	1	3	1	4	9	0	2	11
Jesse Luker	1	2	1	2	6	0	0	6
Meshack Shambrick	1	1	1	3	6	0	0	6
Louis Pugh	1	3	1	1	6	0	3	9
Micajah Stinson	1	6	1	0	8	0	6	14
John M. Pugh	1	2	1	0	4	0	0	4
Mathew Rea	1	2	1	2	6	0	3	9
George Jackson	3	5	1	3	12	0	14	26
Anthony Preslar Sr.	2	1	1	1	5	0	3	8
Anthony Preslar Jr.	1	1	0	2	4	0	0	4
David Stoll	1	2	1	0	4	0	0	4
Garland Burt	1	2	1	2	6	0	6	12
Lou's Joiner	1	2	1	1	6	0	0	5
Eli Stricklin	1	1	1	1	4	0	0	4

CONECUH COUNTY CENSUS 1820

	(1)	(2)	(3)	(4)	(5)	(6)	(7)	(8)
Joel Brown	3	5	1	1	10	0	1	11
Hiram Kelley	1	0	0	1	2	0	0	2
Jesse Rustin	1	0	0	2	3	0	0	3
Elias Preslar	1	1	0	2	4	0	1	5
John Rustin	1	2	2	3	8	0	0	8
James Philips	1	0	1	1	3	0	0	3
John Reed	1	0	1	4	6	0	2	8
Wm. Kelley	1	3	1	2	7	0	0	7
Jacob Pitman	1	1	1	3	6	0	0	6
King W. Howard	1	0	0	3	4	0	0	4
Wm. L. Campbele	1	1	1	2	5	0	0	5
John Fields	1	1	1	1	4	0	2	6
Hugh Cravy	1	4	1	4	10	0	0	10
John Peard	1	1	1	1	4	0	0	4
Tyre Kelley	1	4	1	4	10	0	1	11
James Howard	1	2	1	2	6	0	0	6
Harris Campbele	1	0	0	0	1	0	0	1
John Welch	1	1	0	2	4	0	0	4
Ephraim Brown	1	2	1	2	6	0	0	6
Wm. Spurlin	1	0	1	5	7	0	6	13
Wm. Rabon	1	1	1	1	4	0	1	5
Aaron Fagan	2	1	1	2	6	0	29	35
John Brantley	1	4	1	1	7	0	10	17
John Priddy	1	0	1	0	2	0	0	2
John Daniley	2	2	1	1	6	0	10	16
Wm. Lee	1	2	1	2	6	0	6	12
Henry Allen	1	1	0	2	4	0	2	6
Wert. Allen	1	1	1	2	5	0	5	10
James Thompson	1	3	1	1	6	0	0	6

CONECUH COUNTY CENSUS 1820

	(1)	(2)	(3)	(4)	(5)	(6)	(7)	(8)
Richard Curry	2	0	1	0	3	0	8	11
Addison Scarbough	1	4	1	2	8	0	0	8
David Wood	1	2	1	1	5	0	5	10
Wm. Horton	1	3	1	4	9	0	11	20
George W. Wilson	1	1	0	1	3	0	2	5
Labon Turk	1	2	1	1	5	0	15	20
John Mason	2	1	0	2	5	0	0	5
Terril Higden	1	5	1	2	9	0	7	16
Abram Jones	2	1	0	1	4	0	0	4
Mark Manning	1	2	1	1	5	0	4	9
Stephens Manning	1	2	1	0	4	0	0	4
Baldy Kenedy	1	2	1	0	4	0	0	4
Andrew Tarvor	2	2	1	4	9	0	13	22
Nicholas Baggett	1	3	1	1	6	0	0	6
David Jones	1	3	1	0	5	0	1	6
William Ruffin	1	2	1	1	5	0	0	5
Wm. Wilson	1	4	1	4	10	0	0	10
Allen H. Curry	1	1	1	2	5	0	0	5
Jas. A. Curry	1	2	1	0	4	0	0	4
John Farnel	1	4	1	3	9	0	0	9
James Parks	1	0	1	1	3	0	2	5
Wm. Autery	2	1	1	1	5	0	0	5
Jas. W. Wilson	2	1	2	1	6	0	1	7
John McIntire	1	2	1	1	5	0	1	6
Levi Mobly	2	2	2	0	6	0	6	12
Mitchell Burford	1	1	1	4	7	0	13	20
Henry Chapman	3	5	1	4	13	0	2	15
Daniel D. Mobley	1	1	1	1	4	0	5	9
Abram Blackshaw	1	2	1	2	6	0	3	9

CONECUH COUNTY CENSUS 1820

	(1)	(2)	(3)	(4)	(5)	(6)	(7)	(8)
John B. Porden	1	0	1	2	4	0	4	8
James H. Porden	1	1	1	1	4	0	1	5
John Porden	3	1	2	0	6	0	7	13
George Andrews	2	4	1	1	8	0	5	13
William Richards	1	1	1	2	5	0	3	8
Alexander Riddick	1	2	1	6	10	0	5	15
Richard Warren	2	0	1	3	6	0	18	24
James Chandler	1	2	0	1	4	0	0	4
Benjamin Hart	3	1	1	5	10	0	22	32
Nathan Littlefield	1	1	0	1	3	0	0	3
Benjamin Hynes	1	0	1	1	3	0	0	3
Henry Hillard	3	1	2	2	8	0	1	9
Alexander Travis	1	4	1	1	7	0	6	13
Hailey Tisdale	2	1	1	3	7	0	7	14
Asa Wright	1	1	0	2	4	0	1	5
Ebenezia Ellis	2	3	2	2	9	0	4	13
George McSpier	2	0	0	1	3	0	0	3
Wm. Bagby	1	0	1	1	3	0	8	11
Josiah Martin	1	2	1	2	6	0	1	7
Marshall Smith	1	2	1	3	7	0	2	9
Major Weatheford	1	2	1	1	5	0	1	6
Thomas Sharpless	1	1	1	1	4	0	0	4
Job Castleberry	1	3	1	3	8	0	7	15
Cary Curry	1	3	1	1	6	0	0	6
Lernerd Brown	1	3	1	3	8	0	0	8
Nicholas Stallworth	1	6	1	4	12	0	17	29
Sterling Kemp	1	1	1	1	4	0	4	8
Radford Jordan	1	4	1	4	10	0	3	13
Thomas Grubbs	1	2	2	2	7	0	1	8

CONECUH COUNTY CENSUS 1820

	(1)	(2)	(3)	(4)	(5)	(6)	(7)	(8)
Jno. E. Graham	1	0	0	0	1	0	0	1
Jesse Maye	1	1	1	1	4	0	0	4
Gin Taylor	1	5	1	2	9	0	9	18
Tempe Straughn	0	0	1	3	4	0	0	4
Abraham A. Clarke	1	1	1	1	4	0	5	9
Řebecca Crawford	0	5	1	0	6	0	0	6
Charles Hinson	2	0	2	0	4	0	18	22
Thomas Hooks	1	5	1	7	14	0	8	22
Sarah Patrick	0	3	1	4	8	0	0	8
Jacob McClenden	1	1	1	0	3	0	0	3
Isaiah Parker	1	0	0	0	1	0	0	1
Wm. Taylor	1	1	0	3	5	0	10	15
Jordan Taylor	1	2	1	2	6	0	11	17
Joseph Campbell	1	4	1	0	6	0	1	7
Watts Mann	1	3	2	5	11	0	0	11
Nathan Serman	1	4	1	2	8	0	0	8
Mark McClamma	1	1	1	1	4	0	0	4
James Chitty	1	0	0	0	1	0	0	1
Kittrel Warren	1	3	1	1	6	0	3	9
John Adams	1	2	1	5	9	0	7	16
John Greene	1	1	0	2	4	0	4	8
John M. Duke	1	0	0	1	2	0	0	2
James W. Josey	1	1	0	2	4	0	0	4
James R. Mobley	1	0	0	1	2	0	3	5
Joseph P. Clough	2	2	2	1	7	0	16	23
William Toney	1	0	1	7	9	0	13	22
Henry Heron	1	3	1	5	10	0	5	15
Redman Hutchens	1	2	1	5	9	0	0	9
James Brewer	1	1	0	1	3	0	0	3

CONECUH COUNTY CENSUS 1820

	(1)	(2)	(3)	(4)	(5)	(6)	(7)	(8)
Edward Brooks	1	0	1	2	4	0	8	12
William Johnson	1	0	1	1	3	0	0	3
John Stringer	1	3	1	4	9	0	2	11
John Salter	2	0	0	1	3	0	0	3
George W. Nolan	1	2	1	1	5	0	9	14
John J. Kelley	1	0	1	0	2	0	9	11
Calvin Downey	1	5	1	2	9	0	0	9
Samuel Downey	3	1	1	3	8	0	0	8
Jacob Clower	1	2	1	4	8	0	3	11
Wm. Wood	1	4	1	4	10	0	2	12
Isaac Cain	1	3	2	0	6	0	4	10
Charles Paul	1	0	0	2	3	0	2	5
George L. Lampkin	2	3	0	4	9	0	7	16
Samuel L. Lampkin	1	1	1	3	6	0	1	7
John Salter Sr.	2	3	3	5	13	0	0	13
James Dewberry	1	3	1	2	7	0	4	11
Harrison Harris	1	2	1	1	5	0	0	5
Sterling Brown	1	0	1	0	2	0	1	3
John Brown	1	3	1	1	6	0	7	13
Presley Brown	1	1	1	0	3	0	1	4
Wylley Sawyer	1	1	0	1	3	0	1	4
Edmond Lindsey	1	2	1	0	4	0	0	(
Lamach Hudson	1	0	1	0	2	0	13	15
James Hays	1	1	1	1	4	0	37	41
Mullikin Norid, Jr.	1	2	2	3	8	0	5	13
Mullikin Norid, Sr.	1	0	2	0	3	0	2	5
Abner D. Griffith	1	0	0	0	1	0	0	1
Joshua Betts	1	5	1	3	10	0	0	10
Stephen Jones	1	5	1	1	8	0	0	8

CONECUH COUNTY CENSUS 1820

	(1)	(2)	(3)	(4)	(5)	(6)	(7)	(8)
William Johnson	1	1	1	2	5	0	0	5
Pleasant Bowden	1	3	1	2	7	0	8	15
George Brewer	1	1	1	1	4	0	0	4
Eddy Crowell	1	0	0	0	1	0	0	1
James McFarlans	1	0	1	6	8	0	2	10
George Lewis	1	1	1	1	4	0	11	15
Will'am Brewer	2	5	1	3	11	0	0	11
Wm. McPherson	2	5	2	2	11	0	0	11
John Flowers	2	5	1	2	10	0	0	10
Thomas Howard	1	1	1	0	3	0	3	6
James Johnson	2	3	2	3	10	0	0	10
Mark Travis	2	4	1	4	11	0	3	14
Robert Warren	1	1	1	3	6	0	8	14
Caleb Johnson	1	0	1	3	5	0	6	11
Asa Johnson	1	0	0	1	2	0	4	6
Elisha Edwards	2	2	1	0	5	0	0	5
Peter H. Steele	1	2	1	1	5	0	4	9
Josiah Curry	1	0	1	3	5	0	0	5
Isaac Curry	1	1	0	2	4	0	0	4
Stephen Anderson	1	2	1	1	5	0	0	5
William Wood, Jr.	1	1	1	1	4	0	0	4
Jacob Carter	1	2	1	0	4	0	0	4
James Daniley	1	0	0	1	2	0	4	6
George Zinnamon	1	0	1	1	3	0	2	5
Lewis Tippit	0	1	0	1	2	0	0	2
George Fagan	1	5	1	1	8	0	3	11
Phileman Hodges	1	0	0	0	1	0	0	1
Richard Brazile	1	0	1	2	4	0	2	6
Absolum Reed	1	1	0	1	3	0	1	4

CONECUH COUNTY CENSUS 1820

	(1)	(2)	(3)	(4)	(5)	(6)	(7)	(8)
George Roye	1	3	1	1	6	0	6	12
Josiah McClendon	1	4	1	1	7	0	1	8
Guin Neal	1	4	3	1	9	0	3	12
Joseph Burson	4	4	1	2	11	0	0	11
Samuel Grau	1	0	0	2	3	0	1	4
Reuben Slaughter	1	1	0	1	3	0	4	7
Daniel Slaughter	1	2	1	1	5	0	7	12
James May	1	3	1	0	5	0	2	7
Joel Howerton	2	3	1	0	6	0	1	7
Ralph Sawyer	1	3	1	2	7	0	1	8
John Parker	1	3	1	3	8	0	2	10
Jacob Futch	2	0	1	1	4	0	0	4
Jacob Weldin	1	3	2	1	7	0	0	7
Malichi Ethridge	1	2	1	2	6	0	9	15
James Jones	1	1	1	0	3	0	0	3
James Staples	1	2	0	2	5	0	0	5
Wm Robuck	1	0	1	1	3	0	2	5
Benjamin Price	1	2	1	2	6	0	0	6
Stephen Floyd	1	0	1	2	4	0	1	5
Charles Floyd	1	1	0	0	2	0	1	3
Thomas Loyd	1	0	0	0	1	0	25	26
James Carter	3	4	2	5	14	0	0	14
Jesse Ward	1	3	1	3	8	0	0	8
Hiram Carter	1	1	1	1	4	0	3	7
Elcanah Sawyer	1	1	1	0	3	0	3	6
Elijah Plummer	1	0	0	0	1	0	0	1
John Crumbley	1	0	0	0	1	0	0	1
Moses Carter	1	0	1	3	5	0	0	5
Wm Bates	2	5	1	3	11	0	3	14

CONECUH COUNTY CENSUS 1820

	(1)	(2)	(3)	(4)	(5)	(6)	(7)	(8)
Johnson Wright	1	2	2	0	5	0	5	10
William Carter, Sr.	2	4	3	1	10	0	4	14
Andrew Colvin	1	2	1	3	7	0	0	7
Isaiah Smith	2	5	1	5	13	0	0	13
Francis Gray	1	5	1	1	8	0	1	9
James Tippit	1	1	1	3	6	0	3	9
Jesse Carter	1	2	1	2	6	0	0	6
Jacob Welden, Jr.	0	1	1	0	2	0	0	2
Jordan Floyd	2	3	1	1	7	0	4	11
Isaac Keils	1	1	1	1	4	0	0	4
Wylly Meeks	1	1	1	1	4	0	0	4
Thomas Floyd	1	3	1	2	7	0	0	7
Robert Barron	1	3	0	0	4	0	0	4
Amos Harris	1	1	1	3	6	0	3	9
Saml Parker	1	4	1	3	9	0	1	10
Merret Meeks, Sr.	1	0	1	1	3	0	0	3
John Parker, Jr.	1	1	1	1	4	0	0	4
Merret Meeks, Jr.	1	0	0	1	2	0	0	2
Isaac Welden	1	1	1	2	5	0	0	5
James Fooshee	1	0	1	0	2	0	0	2
John Maxcey	1	3	1	3	8	0	0	8
Wm. Session	1	2	2	1	6	0	15	21
George Stomun	2	0	0	0	2	0	9	11
Hugh Cameron	3	3	1	3	10	0	3	13
George G. Blackwell	1	0	1	0	2	0	0	2
Geo. Snowdes	1	0	0	1	2	0	0	2
Wm. Carter	1	1	2	0	4	0	0	4
Richard Smith	2	2	1	1	6	0	0	6
Samuel Buchanan	1	1	1	2	5	0	1	6

CONECUH COUNTY CENSUS 1820

	(1)	(2)	(3)	(4)	(5)	(6)	(7)	(8)
People C. Jordan	1	0	0	0	1	0	0	1
Gidon Mayo	2	5	1	3	11	0	2	13
Joseph Mayo	1	4	1	1	7	0	0	7
Reuben Rowland	1	1	2	1	5	0	0	5
Robert Huggins	2	1	1	1	5	0	0	5
H & C. E. Beard	5	0	0	0	5	0	0	5
Absolum Wall	1	1	2	0	4	0	1	5
Wright Wall	1	0	1	1	3	0	0	3
Thomas Wall	1	0	1	1	3	0	0	3
John Nelson, Sr.	1	0	1	1	3	0	0	3
John Nelson, Jr.	1	1	1	0	3	0	0	3
David Ard	1	2	1	1	5	0	0	5
Absolum Barrow	1	3	0	2	6	0	3	9
George Ard	1	2	0	1	4	0	0	4
William Ellis	1	2	1	2	6	0	0	6
John Barrow	1	7	2	6	16	0	30	46
Radford L. Cotton	1	1	1	2	5	0	1	6
Reuben Hart	1	9	1	1	12	0	6	18
Martholomew Cauley	1	1	1	3	6	0	10	16
Solomon Siler	2	0	1	0	3	0	16	19
Andrew Siler	1	1	0	0	2	0	17	19
John Weaver	2	1	1	1	5	0	0	5
Allen Murphy	2	3	1	0	6	0	0	6
John Jemison	3	4	1	3	11	0	1	12
Windall Taylor	1	3	1	5	10	0	1	11
Allen Jones	1	2	1	0	4	0	0	4
Elias Brown	1	2	1	1	5	0	0	5
Avington Phelps	1	2	1	2	6	0	0	6
Andrew Jones	1	6	1	1	9	0	35	44

CONECUH COUNTY CENSUS 1820

	(1)	(2)	(3)	(4)	(5)	(6)	(7)	(8)
Zachariah Riley	4	4	2	1	11	0	0	11
John W. Mayo	1	1	1	0	3	0	1	4
Morris Boney	1	1	0	1	3	0	0	3
Wm. Gainer	2	2	1	1	6	0	0	6
William Taylor	1	3	1	1	6	0	1	7
Dennis Adams	1	2	1	3	7	0	7	14
Isham Adams	1	1	1	0	3	0	0	3
Robert Parrot	2	1	1	4	8	0	0	8
Daniel McLean	1	4	1	0	6	0	0	6
Alley Williams	0	3	1	0	4	0	1	5
Hugh Taylor	3	0	2	5	10	0	3	13
Duncan McQuaig	1	2	2	1	6	0	0	6
Malcolm McSwain	1	2	1	2	6	0	0	6
Elias Massey	1	3	1	2	7	0	0	7
Samuel Cook	3	2	1	1	7	0	1	8
Joseph Bruton	1	3	1	4	9	0	2	11
John Martin	1	3	1	2	7	0	0	7
Benjamin Bruton	2	0	1	0	3	0	9	12
Needham Parker	1	3	1	3	8	0	0	8
Peter McCaskle	3	0	1	1	5	0	2	7
Alex McDaniel	2	1	2	1	6	0	0	6
Howell Sasser	3	2	2	2	9	0	4	13
John Travis	1	0	0	4	5	0	0	5
Bartley Brown	1	1	1	1	4	0	1	5
Ephraim Jones	3	0	0	3	6	0	8	14
Robert Smilie	1	3	1	0	5	0	5	10
Amos Adams	1	5	1	3	10	0	0	10
Hinche Warren	1	1	1	2	5	0	20	25
Henry Hunter	1	1	1	1	4	0	86	90

CONECUH COUNTY CENSUS 1820

	(1)	(2)	(3)	(4)	(5)	(6)	(7)	(8)
Absolum Littlefield	1	0	1	0	2	0	0	2
Thomas Watts	2	2	1	0	5	0	12	17
Isaac Stephens	1	6	1	2	10	0	0	10
John Spier	2	3	2	3	10	0	5	15
William Ellis	1	1	0	0	2	0	0	2
Dushee Shaw	2	1	0	1	4	0	0	4
Jesse Pearin	1	0	0	0	1	0	0	1
Mabry Thomas	2	1	1	1	5	0	15	20
Alex Autery	2	5	1	3	11	0	8	19
Phillip Noland	2	4	1	3	10	0	3	13
Carlton Thompson	2	3	1	1	7	0	7	14
Jonathan Stuckey	1	6	1	3	11	0	0	11
Nathan Stuckey	2	3	2	3	10	0	0	10
James Noles	1	0	0	0	1	0	0	1
Charley Crosby	1	1	1	1	4	0	13	17
Elizabeth Gholson	0	2	1	3	6	0	5	11
Benedict Jotton	2	2	1	6	11	0	0	11
Silas Johnson	1	0	0	0	1	0	0	1
Walker D. Langham	1	2	1	2	6	0	7	13
S. J. Whatley	1	0	0	2	3	0	3	6
M. McPherson	1	0	0	0	1	0	0	1
Benjamin Blow	1	1	1	2	5	0	0	5
Darby Henly	2	2	1	3	8	0	0	8
Thomas Lord	1	2	1	2	6	0	0	6
Robert Savage	1	0	1	0	2	0	5	7
Andrew Rea, Sr.	1	1	1	2	5	0	1	6
Robert Brazin	1	3	1	4	9	0	0	9
Wm. Pugh, Sr.	1	1	1	3	6	0	0	6
Bartlett Walker	2	2	1	5	10	0	4	14

CONECUH COUNTY CENSUS 1820

	(1)	(2)	(3)	(4)	(5)	(6)	(7)	(8)
E. S. Gruning	2	1	0	1	4	0	15	19
Malichi Warren	1	0	0	0	1	0	0	1
James B. Culp	1	2	1	1	5	0	1	6
Joseph Harvill	1	2	1	3	7	0	0	7
Claiborn Curry	1	1	0	1	3	0	2	5
Randolph Hester	1	2	1	1	5	0	1	6
Josiah Wright	1	2	1	2	6	0	0	6
Kendar Hawthorn	1	7	1	4	13	0	0	13
James Oliver	1	0	1	0	2	0	12	14
Joseph Oliver	1	0	0	1	2	0	0	2
Joel Duke	1	1	1	1	4	0	1	5
Jesse Carter	1	3	1	0	5	0	12	17
Joshua Zuber	1	1	0	0	2	0	0	2
Jordan Smith	2	0	1	2	5	0	0	5
Francis McLendon	1	1	1	0	3	0	1	4
Malory Stroud	1	1	1	0	3	0	9	12
Ethen Stroud	2	4	2	1	8	1	17	26
Wm. D. Stone	1	1	0	1	3	0	14	17
Wm. Brown	1	0	0	0	1	0	0	1
John Cunningham	1	0	1	2	4	0	0	4
Alex Watson	1	1	0	2	4	0	1	5
Drury Deas	2	2	1	1	6	0	5	11
Sherward Lewis	1	1	1	5	8	0	7	15
Jacob Warbington	1	4	1	5	11	0	0	11
Isaac Collins	1	2	1	2	6	0	0	6
Warren Hart	1	1	1	0	3	0	0	3
Drury Dean	1	3	2	4	10	0	0	10
Levin Watson	1	2	1	3	7	0	0	7
Thomas Lewis	2	2	1	1	6	0	0	6

CONECUH COUNTY CENSUS 1820

	(1)	(2)	(3)	(4)	(5)	(6)	(7)	(8)
John Liles	2	2	1	0	5	0	0	5
Thomas Powell	3	1	1	0	5	0	5	10
John Powell	0	2	0	1	3	0	0	3
Louis Pipkin	1	4	1	4	10	0	0	10
David Pipkin	1	1	1	2	5	0	0	5
William Boykin	1	1	1	0	3	0	0	3
Joel Ellis	1	3	1	2	7	0	0	7
William Callihan	1	2	1	0	4	0	0	4
Hodges McWilliams	2	5	2	4	13	0	0	13
James Howard, Sr.	1	3	1	1	6	0	1	7
John Perry	1	0	0	0	1	0	3	4
Robert Welden	1	0	1	3	5	0	0	5
Isaac Hussey	2	1	1	2	6	0	0	6
Lord Ware	1	2	1	2	6	0	1	7
John Gibbons	2	0	1	0	3	0	0	3
Henry Folk	1	3	1	2	7	0	2	9
Martha Posey	0	1	1	1	3	0	1	4
Elizabeth Williams	0	0	1	0	1	0	0	1
Silas Baggett	1	0	0	0	1	0	0	1
John Barge	1	0	0	0	1	0	0	1
Joseph Waits	1	4	0	0	5	0	0	5
Littlebury Hutchens	1	1	1	1	4	0	0	4
Floyd Preslar ?	0	2	0	2	4	0	0	4
Abraham Deson	1	0	1	4	6	0	0	6
Samuel Waits	1	1	1	2	5	0	0	5
James Waites	1	0	1	0	2	0	0	2
Joshua Horn	1	0	0	1	2	0	0	2
Fredirick Mathis	1	0	0	1	2	0	0	2
Benjamin Mitchell	2	6	1	1	10	0	0	10

CONECUH COUNTY CENSUS 1820

	(1)	(2)	(3)	(4)	(5)	(6)	(7)	(8)
Alex Graham	1	0	0	2	3	0	0	3
Wm. DeBose	2	0	0	1	3	1	9	13
W. M. B. Scrimshon	1	3	1	4	9	0	0	9
Lord B. Fleming	1	0	1	3	5	0	7	12
Abner Jackson	1	1	1	1	4	0	0	4
Mathews Davis	1	2	1	2	6	0	0	6
David Simmons	2	3	1	2	8	0	0	8
Michael Peavy	1	2	1	4	8	0	8	16
Jacob Hammons	1	0	0	2	3	0	0	3
James Simmons	2	1	1	6	10	0	0	10
Richard Seamon	1	1	1	0	3	0	1	4
James Caldwell	1	4	1	2	8	0	3	11
Andrew Muldro	1	1	1	2	5	0	9	14
Charles Howard	1	0	0	0	1	0	0	1
Micajah Mathis	1	2	1	2	6	0	13	19
Daniel McFarland	1	1	1	2	5	0	1	6
McConnele & McMillian	2	0	0	0	2	0	6	8
David May	1	0	1	4	6	0	2	8
Henry Clemmons	2	1	0	1	4	0	0	4
Wm. Blackshere	3	0	1	3	7	0	4	11
Margaret Anderson	0	0	1	2	3	0	1	4
Robert Browning	1	0	0	0	1	0	0	1
Drury White	1	4	1	3	9	0	0	9
Isaac Hawkins	1	0	1	1	3	0	0	3
James Harell	2	1	3	2	8	0	0	8
Josiah Runnels	1	5	1	2	9	0	0	9
Elisha Herale	1	0	1	1	3	0	0	3
Charles Mayo	2	1	1	4	8	0	0	8
Luke Townley	1	1	2	6	10	0	2	12

CONECUH COUNTY CENSUS 1820

	(1)	(2)	(3)	(4)	(5)	(6)	(7)	(8)
Charles Roberts	1	3	1	0	5	0	1	6
Aaron Snowden	1	4	1	2	8	0	0	8
Jonathan Heraldson	1	2	1	1	5	0	0	5
William Mancill	2	2	3	3	10	0	0	10
Levi Peavy	1	0	0	2	3	0	0	3
Ephraim Gordon	2	4	1	2	9	0	11	20
Jabez N. Brown	1	0	1	2	4	0	3	7
James Hubburt	1	0	1	1	3	0	0	3
Roley Robuck	1	2	1	2	6	0	0	6
Aaron Burlison	3	3	1	0	7	0	0	7
Dempsia Jones	1	5	1	3	10	0	15	25
Penelopi Deas	0	0	1	0	1	0	0	1
Lofton Cotton	2	3	3	2	10	0	0	10
David Purser	1	4	1	4	10	0	0	10
John Jones	1	4	1	2	8	0	0	8
Josiah Jones	1	2	2	1	6	1	0	7
John Dickson	1	5	1	3	10	0	4	14
Benjamin Johnakin	1	5	1	2	9	0	4	13
Samuel Williams	1	0	1	2	4	0	0	4
Josiah Folks	2	0	3	1	6	0	0	6
James Hale	1	1	0	1	3	0	0	3
Robert McKinnon	2	2	1	0	5	0	1	6
Wylly Williams	1	4	1	0	6	0	1	7
Peter Campbele	2	1	2	3	8	0	0	8
Josiah Jones, Sr.	3	3	1	2	9	0	0	9
James King	1	1	2	6	10	0	0	10
Daniel McKnolly	1	3	2	2	8	0	0	8
Elijah Hobbs	1	3	1	5	10	0	0	10
William Goddin	1	5	1	3	10	0	0	10

CONECUH COUNTY CENSUS 1820

	(1)	(2)	(3)	(4)	(5)	(6)	(7)	(8)
Levi Jackson	1	3	1	1	6	0	0	6
Wm. Whitmire	1	1	0	1	3	0	0	3
Abijah Clark	1	0	1	0	2	0	0	2
Thomas Beelar	1	1	1	1	4	1	1	6
Dugald McBride	2	2	1	1	6	0	2	8
Giles Trickey	1	0	0	1	2	0	0	2
Neal McGilvary	1	1	1	2	5	0	0	5
Neal Pursell	4	3	4	2	13	0	0	13
Henry Potts	1	1	1	0	3	0	6	9
Benjamin Bruton	1	2	2	2	7	0	7	14
Thomas Henly	1	0	0	2	3	0	0	3
Owen Alford	2	5	1	1	9	0	0	9
Wm. Oglesby	1	0	1	3	5	0	0	5
John Morrison	3	1	3	1	8	0	0	8
Colson Adams	1	1	1	3	6	0	2	8
Louis Johnakin	2	3	1	0	6	0	0	6
Jacob White	1	4	1	3	9	0	0	9
Thomas B. Green	1	2	1	2	6	0	3	9
Duncan McIntire	1	2	1	3	7	0	4	11
Emry Stringer	1	2	0	2	5	0	0	5
Andrew Rea, Jr.	2	1	1	1	5	0	2	7
Wm Pugh, Jr.	1	2	1	1	5	0	3	8
Joshua Hawthorn	2	6	1	3	12	0	13	25
James Coursin	1	6	1	2	10	0	7	17
John Chandler	1	1	2	3	7	0	0	7
Elias Hodges	2	2	1	1	6	0	15	21
Hinche Warren	2	1	1	2	6	0	5	11
Starke Hunter	1	0	0	0	1	1	130	132
Thomas Boykin	0	0	0	0	0	0	17	17

CONECUH COUNTY CENSUS 1820

	(1)	(2)	(3)	(4)	(5)	(6)	(7)	(8)
Elias P. Muse, (Min)	0	0	0	0	0	0	23	23
Micajah Herrington	1	4	1	1	7	0	2	9
David Powell	1	2	1	3	7	0	6	13
Wm. Fort	1	3	1	3	8	0	0	8
Harvy Herrington	1	3	1	5	10	0	9	19
Samuel T. Jones	3	2	1	2	8	0	0	8
John Nelson	2	1	1	5	9	0	0	9
Bartholomino Bryant	1	1	0	0	2	0	1	3
James Bright	1	5	1	5	12	0	15	27
James Taylor	1	4	1	4	10	0	0	10
Allen Preslar	2	3	2	1	8	0	0	8
Daniel Cole	2	2	1	1	6	0	6	12
Isaac H. Horne	1	0	1	1	3	0	1	4
Noah Cole	1	0	1	1	3	0	2	5
Edward Mancile	1	1	1	4	7	0	0	7
George Clarke	1	0	1	2	4	0	0	4
Needham Perry	1	1	1	1	4	0	0	4
Abner Stanley	1	0	0	0	1	0	0	1
Jacob Smith	1	6	1	3	11	0	0	11
Thomas Mindenhall	1	1	0	1	3	0	0	3
Jordan Morris	1	0	0	2	3	0	0	3
Starke Baker	1	0	0	1	2	0	0	2
Stephens Phillips	1	1	0	0	2	0	0	2
Samuel Gainer	2	3	2	5	12	0	1	13
David Roe	1	0	1	1	3	0	0	3
Wm. Hurley	1	0	1	0	2	0	0	2
Hector McNeil	1	2	1	3	7	0	2	9
James Kenedy	2	1	1	0	4	0	2	6
Joseph Alford	1	0	1	4	6	0	0	6

CONECUH COUNTY CENSUS 1820

	(1)	(2)	(3)	(4)	(5)	(6)	(7)	(8)
Wm. Holley	1	7	1	2	11	0	0	11
Isaac Kraker	2	1	1	2	6	0	0	6
Asa Moody	1	3	2	1	7	0	0	7
Daniel Honeford	0	0	0	0	0	10	0	10
Richard Miller	1	0	0	1	2	0	0	2
George Williams	1	4	2	2	9	0	4	13
James Jones	1	0	0	0	1	0	0	1
Samuel Jones	1	0	1	0	2	0	0	2
James Thompson	1	2	1	0	4	0	0	4
Thomas Hinson	1	6	1	4	12	0	0	12
Garrett Longinin	2	4	1	3	10	0	18	28
Joseph East	2	0	1	0	3	0	0	3
Wm. Brackin	2	1	2	1	6	0	0	6
Wylly Lampkin	1	0	0	2	3	0	0	3
Sheredon Davis	1	1	0	1	3	0	0	3
Eli Stroud	1	0	0	1	2	0	4	6
Orion Stroud	1	1	0	1	3	0	4	7
N. W. Nicholls	1	0	0	0	1	0	1	2
Ruben Pearce	1	0	0	1	2	0	0	2
Kedar Hawthorn	1	4	1	1	7	0	0	7
Wm. Curry	1	3	1	5	10	0	0	10
Samuel Burnett	1	1	1	2	5	0	11	16
Moses Franklin	1	0	0	0	1	0	0	1
William Rabb	2	2	1	4	9	0	9	18
Edward Weatherford	1	0	1	0	2	0	0	2
Houghton & Robinson	3	0	0	0	3	0	6	9
Washington Johnson	1	2	1	3	7	0	1	8
Wirtley Young	1	2	1	2	6	0	0	6
William Johnson	1	1	1	0	3	0	1	4

CONECUH COUNTY CENSUS 1820

	(1)	(2)	(3)	(4)	(5)	(6)	(7)	(8)
James Russell	1	4	3	2	10	0	0	10
Abraham Russell	1	0	0	2	3	0	0	3
James Mallett	1	2	0	0	3	0	6	9
Gilbert Finley	1	2	0	1	4	0	0	4
Powell Smith	1	3	1	1	6	0	0	6
T. W. Devereux	1	2	0	0	3	0	14	17
Simpson Sawyer	1	1	1	4	7	0	0	7
Edinborough Collier	1	1	1	5	8	0	0	8
Thomas Shaw	1	4	3	1	9	0	0	9
Archer Powell	1	2	1	2	6	0	0	6
Asa Pipkin	1	0	1	1	3	0	0	3
Mark Deas	1	1	1	1	4	0	0	4
David Jay	1	1	1	2	5	0	1	6
Guin Gillis	1	0	1	2	4	0	0	4
David Shipp	2	3	1	4	10	0	0	10
William Lindsey	1	1	1	1	4	0	0	4
John S. Irvine	1	2	2	1	6	0	0	6
John Fergerson	3	0	2	3	8	0	3	11
Neal Ferguson	2	2	1	2	7	0	0	7
Jesse Baggett	1	2	1	1	5	0	0	5
Boden Stroud	0	0	0	0	0	0	4	4
Amos Pipkin	1	0	1	1	3	0	0	3
John Shaw	1	0	0	0	1	0	0	1
Thomas Willis	1	2	2	2	7	0	0	7
David Turner	1	0	0	0	1	0	0	1
John Runnells	2	1	1	1	5	0	0	5
John G. Wingate	1	1	0	1	3	0	0	3
George W. Odum	1	0	1	1	3	0	0	3
Charlis B. Oliver	1	0	0	0	1	0	0	1

CONECUH COUNTY CENSUS 1820

	(1)	(2)	(3)	(4)	(5)	(6)	(7)	(8)
Hazail Littlefeild	1	0	1	1	3	0	0	3
John Stokes	1	0	0	0	1	0	0	1
Nancy Taylor	0	0	1	0	1	0	0	1
Wm. B. Stover	1	0	1	3	5	0	13	18
Wm. Gaines	1	2	1	1	5	0	0	5
Rolley Ellis	1	1	1	1	4	0	0	4
John Williams	1	1	1	2	5	0	1	6
John Harley	1	0	0	0	1	0	0	1
John Brown	1	1	1	2	5	0	0	5
David Jones, Senr.	1	1	1	0	3	0	0	3
John Bell	1	4	1	2	8	0	43	51
J. F. Furguson	1	0	0	0	1	0	0	1
Total Amount	788	1,151	583	1,093	3,615	15	1,919	5,549

I, James Ferguson Assessor for Conecuh County, do hereby certify that the within, is a correct statement of the number of inhabitants, of which Conecuh County consists, with a proper distinction of sexes, age and color, agreeable to the form laid down for that purpose, this 30th., day Oct. A. D. 1820.

E.E.   J. F. Ferguson.

DALLAS COUNTY CENSUS 1820

Census

The enumeration of Dallas County, State of Alabama, for the year 1820, taken in pursuance of an act of the General Assembly, Entitled, An Act, authorizing the taking the Census of the Alabama Territory, Passed the 9th of February 1818.

Oath of Office.

State of Alabama   )   I Saul Davis do solemnly swear that I
Dallas County   )   will take the Census of the County of
                           Dallas, according to the true intent and
                           meaning of this Act, to the best of my
                           knowledge.

Signed   Saul Davis.

Sworn to before me this 19th day of April, 1820.

Signed Jonas Brown, J. C. C.

DALLAS COUNTY CENSUS 1820

Names of the heads of families.
(1)—White males over twenty one years.
(2)—White males under twenty one years.
(3)—White females over twenty one years.
(4)—White females under twenty one years.
(5)—Total of white inhabitants.
(6)—Total of free people of colour.
(7)—Total of slaves.
(8)—Total of inhabitants.

	(1)	(2)	(3)	(4)	(5)	(6)	(7)	(8)
Arnette, John	1	0	0	0	1	0	0	1
Armstrong, James H.	1	1	1	1	4	0	0	4
Anders, Robert	1	1	1	1	4	0	0	4
Averette, Henry	1	3	1	1	6	0	5	11
Averette, Jonathan	1	0	1	1	3	0	1	4
Adams, Erwin	1	0	1	1	3	0	0	3
Adkins, Allen	1	2	1	0	4	0	4	8
Allen, Will.am B.	1	4	2	3	10	0	1	11
Allen, Horatio G.	1	0	0	0	1	0	0	1
Adams, Benjamin	1	0	0	0	1	0	0	1
Aylette, William	1	3	1	7	12	0	26	38
Adams, Henry	1	2	1	4	8	0	2	10
Barnette, David	1	0	2	0	3	1	18	22
Barron, James	1	0	1	2	4	0	0	4
Butler, James	1	0	0	0	1	0	0	1
Bolton, Benjamin	1	5	3	1	10	0	0	10
Buck, Cornelius	1	0	0	0	1	0	0	1
Bentley, Jeremiah	1	0	0	0	1	0	0	1
Bolton, W.lliam	1	0	0	1	2	0	4	6
Bolton, William	1	0	0	0	1	0	0	1
Blalach, Wade	2	5	1	4	12	0	3	15
Blalac, Richard	1	0	0	0	1	0	0	1

DALLAS COUNTY CENSUS 1820

	(1)	(2)	(3)	(4)	(5)	(6)	(7)	(8)
Brantley, John	1	0	0	0	1	0	2	3
Boze, Zedekiah	1	3	1	1	6	0	0	6
Baker, Joseph	1	2	1	1	5	0	2	7
Burlingame, Charles	1	0	0	0	1	0	0	1
Brantley, Harris	1	1	1	3	6	0	15	21
Barnes, Jeremiah	1	7	1	1	10	0	8	18
Blakey, Joseph A.	2	0	1	3	6	0	4	10
Boyle, Samuel	1	1	1	2	5	0	2	7
Blevins, William	1	1	1	2	3	0	16	19
Butler, Henry	1	2	1	2	6	0	0	6
Burgess, William M.	1	0	1	1	3	0	0	3
Beeson, Jonathan	1	6	1	3	11	0	2	13
Baker, Jordan	1	0	0	0	1	0	0	1
Butcher, Thomas	1	2	1	2	6	0	2	8
Bigham, John M.	1	2	1	0	4	0	0	4
Bradham, Reuben	1	2	1	4	8	0	0	8
Ball, Hiram	1	1	1	1	4	0	0	4
Bloodworth, Hardy	1	1	1	4	7	0	0	7
Barren, Thomas C.	1	1	2	0	4	0	0	4
Blann, Silas	1	1	1	1	4	0	0	4
Blann, Stephen	1	3	1	2	7	0	0	7
Browning, William	1	4	1	3	9	0	29	38
Barnett, Thomas	1	1	1	2	5	0	0	5
Burney, Thomas J.	1	0	0	0	1	0	0	1
Bell, James	1	3	1	3	8	0	2	10
Barksdale, William	1	0	1	1	0	0	4	7
Battle, James	1	0	0	0	1	0	0	1
Bragg, William	1	0	0	0	1	0	0	1
Bozeman, Harmon W.	1	2	1	2	6	0	1	7

DALLAS COUNTY CENSUS 1820

	(1)	(2)	(3)	(4)	(5)	(6)	(7)	(8)
Bass, Thomas	1	2	1	2	6	0	0	6
Berryhill, John	1	5	1	1	8	0	0	8
Boswell, William	1	0	0	0	1	0	0	1
Bird, E. E.	1	0	0	0	1	0	0	1
Blake, Luther	1	0	0	0	1	0	1	2
Blanks, George W.	1	0	0	0	1	0	1	2
Brown, James	1	0	0	0	1	0	0	1
Blanks, James	1	2	1	1	5	0	0	5
Burton, Charles W.	1	0	0	0	1	0	0	1
Baird, John	1	1	1	1	4	0	1	5
Beebe, Roswell	1	0	0	0	1	0	0	1
Burke, David H.	1	0	1	1	3	0	3	6
Bogle, Joseph L.	1	0	1	0	2	0	0	2
Bowles, E. M.	1	1	1	1	4	0	17	21
Beckley, Walter O.	1	1	1	2	5	0	9	14
Boyd, John	1	0	0	0	1	0	0	1
Brown, Thomas	1	0	0	0	1	0	0	1
Bell, James	2	2	1	2	7	0	6	13
Boice, John	1	0	0	0	1	0	0	1
Brooks, Oliver C.	0	2	3	0	5	0	15	20
Brooks, Parsons & Co.	3	0	0	0	3	0	0	3
Besha, John	1	1	0	0	2	0	0	2
Boyls, Patric	1	0	0	0	1	0	0	1
Bass, Jesse	0	1	1	2	4	0	3	7
Brown, Jonas	0	1	0	0	1	0	0	1
Benton, Mires								
(Colored man)	0	0	0	0	0	1	0	1
Bean, Jesse	1	0	0	0	1	0	0	1
Booker, William	1	0	0	0	1	0	0	1

DALLAS COUNTY CENSUS 1820

	(1)	(2)	(3)	(4)	(5)	(6)	(7)	(8)
Bender, Griffin	1	0	1	1	3	0	6	9
Bayne, John R.	1	0	0	0	1	0	0	1
Berry, John W.	1	1	1	3	6	0	3	9
Box, Edward	1	3	0	1	5	0	0	5
Bloodworth, Timothy	1	4	1	2	8	0	4	12
C								
Coleman, Charles	1	0	0	0	1	0	0	1
Cox, John	2	1	1	3	7	0	2	9
Carson, John	2	3	1	1	7	0	6	13
Carter, Meshech	1	1	1	0	3	0	1	4
Cook, Pleasant	1	0	0	0	1	0	0	1
Curry, Cadar	1	2	1	3	7	0	1	8
Covington, Leroy	1	1	0	2	4	0	1	5
Cundiff, John	1	0	0	0	1	0	0	1
Cranford, Leonard	1	2	1	3	7	0	0	7
Cowan, Robert	1	3	1	2	7	0	0	7
Campbell, James	1	2	2	3	8	0	0	8
Clarke, Jabes	1	0	0	1	2	0	2	4
Cowan, James	1	3	1	4	9	0	1	10
Campbell, James	1	3	1	1	6	0	0	6
Christopher, George	1	0	0	0	1	0	0	1
Carr, Josiah	2	0	0	1	3	0	0	3
Callan, James	2	0	2	3	7	0	8	15
Calicotes, George	1	4	1	3	9	0	0	9
Cowan, David	1	0	0	0	1	0	0	1
Craig, John	1	2	1	4	8	0	3	11
Carmichael, Hannah	0	4	1	3	8	0	2	10
Carmichael, John	1	0	0	0	1	0	0	1
Childers, George	2	1	1	2	6	0	13	19

DALLAS COUNTY CENSUS 1820

	(1)	(2)	(3)	(4)	(5)	(6)	(7)	(8)
Campbell, John	1	1	1	4	7	0	0	7
Campbell, William	1	1	1	4	7	0	0	7
Crawford, John	1	0	1	2	5	0	6	11
Craig, Robert	0	1	0	0	1	0	2	3
Cumbast, John	1	1	1	1	4	0	7	11
Craig, Thomas	1	3	1	3	8	0	6	14
Creig, Robert	1	1	1	2	5	0	1	6
Carrall, Charles Junr.	1	0	0	1	2	0	5	7
Cartha, Alexander	1	2	1	7	11	0	1	12
Clower, George	1	0	0	0	1	0	0	1
Carson, Thomas H. V.	1	0	0	1	2	0	2	4
Carrall, Charles	1	4	1	4	10	0	5	15
Coleman, Josiah	1	2	1	4	8	0	0	8
Crowell, John	1	0	0	0	1	0	7	8
Carson, John B.	1	0	0	0	1	0	0	1
Chandler, John	1	0	1	0	2	0	9	11
Chandler, Asa	1	1	1	1	4	0	0	4
Cowan, John	1	6	1	4	12	0	0	12
Carson, David	1	2	1	1	5	0	20	25
Cooper, John	1	1	1	2	5	0	0	5
Chauncey, James	1	2	1	1	5	0	0	5
Cleveland, Carter H.	1	1	2	1	5	0	26	31
Carr, Robert W.	1	0	0	0	1	0	0	1
Curtis, William	1	3	2	1	7	0	5	15
Carnes, Robert	1	0	0	0	1	0	0	1
Crawford, James	1	0	0	0	1	0	0	1
Clapp, Elisha Junr.	1	0	0	0	1	0	0	1
Cannon, William	1	1	1	3	6	0	0	6
Cravey, Benjamin	1	3	1	2	7	0	0	7

DALLAS COUNTY CENSUS 1820

	(1)	(2)	(3)	(4)	(5)	(6)	(7)	(8)
Casey, Thomas	1	1	2	3	7	0	25	32
Carter, Joseph	1	0	0	0	1	0	0	1
Crenshaw, Anderson	1	2	1	1	5	0	10	15
Crocheron, J & J	2	0	0	0	2	0	0	2
Cotton, John A.	1	1	1	0	3	0	0	3
Campbell, Elizabeth	0	1	3	4	8	0	8	16
Cunningham, Samuel	1	0	0	0	1	0	0	1
Curtis, John	1	0	0	0	1	0	0	1
Camp, Joseph	1	0	0	0	1	0	0	1
Coleman, Johnson P.	1	0	0	0	1	0	0	1
Crocheron, D & N.	2	0	0	0	2	0	0	2
Crenshaw, Walter	1	0	0	0	1	0	0	1
Coleman, Stephen	4	2	0	0	6	0	0	6
Coles, William M.	1	0	1	0	2	0	70	72
Crawford, James	1	0	0	0	1	0	0	1
Christie, Hugh	1	1	1	0	3	0	0	3
Cawthorn, Larkin	1	1	1	1	4	0	0	4
Campbell, Isaac N.	1	0	0	0	1	0	0	1
Collins,	1	2	1	0	4	0	9	13
Cullins, Amos	1	3	1	0	5	0	7	12
Chapen, Nathan	1	0	1	0	2	0	0	2
Carroll, Asa	1	0	0	0	1	0	4	5
Colvill, Davidson	1	0	1	1	3	0	0	3
Day, Frederick	2	3	1	4	10	0	2	12
Davis, John	1	3	1	2	7	0	10	17
Devaughan, Samuel	1	0	0	0	1	0	0	1
Davis, James R.	1	1	1	1	4	0	1	5
Dennis, William	1	1	0	1	3	0	0	3
Davidson, Joseph Junr.	1	0	0	0	1	0	0	1

DALLAS COUNTY CENSUS 1820

	(1)	(2)	(3)	(4)	(5)	(6)	(7)	(8)
Davidson, Joseph Senr. ___	1	1	1	1	4	0	0	4
Dubose, Peter _____	1	3	1	1	6	0	7	13
Dubose, Isaac _____	1	3	1	1	6	0	18	24
Drewry, Humphrey _____	1	0	0	0	1	0	0	1
Dubose, Samuel _____	1	0	0	0	1	0	0	1
Davis, Frederick _____	1	4	0	4	9	0	6	15
Davis, John _____	1	2	2	6	11	0	5	16
Dunn, James _____	1	0	0	0	1	0	0	1
Davis, Saul _____	1	0	0	0	1	0	6	7
Dunn, Alexander _____	1	1	1	2	5	0	0	5
Dear, Bradley _____	1	4	1	1	7	0	10	17
Duckworth, Randal _____	1	4	1	4	10	0	12	22
Driver, John C. _____	1	1	1	2	5	0	0	5
Dickerson, Griffin _____	2	0	1	0	3	0	4	7
Davis, Samuel _____	1	0	0	0	1	0	0	1
Davis, Person _____	1	3	1	6	11	0	6	17
Davis, William, Sen. _____	1	0	1	0	2	0	16	18
Dallon, David _____	1	0	0	0	1	0	0	1
Dick, William _____	1	0	0	0	1	0	0	1
Davis, Ransom _____	1	3	1	4	9	0	5	14
Davis, William Junr. _____	1	0	0	2	3	0	0	3
Dunaway, John _____	1	0	0	0	1	0	0	1
Dexter, & Mason. _____	2	0	0	0	2	0		2
Day, Nathaniel _____	1	4	1	1	7	0	1	8
Douglas, Robert _____	1	0	0	0	1	0	0	1
Dick, Samuel _____	1	1	1	0	3	0	10	13
Dewry, Joseph _____	1	0	0	0	1	0	4	5
Davis, James W. _____	1	0	0	0	1	0	0	1
Davis, Polly _____	0	3	1	4	8	0	13	21

DALLAS COUNTY CENSUS 1820

	(1)	(2)	(3)	(4)	(5)	(6)	(7)	(8)
Dark, Thomas	1	0	0	0	1	0	0	1
Durham, Isaac	1	4	1	2	8	0	1	9
E								
Earnest, James W.	1	0	0	0	1	0	0	1
Elliott, Arthur K.	1	0	0	0	1	0	0	1
Estes, Shepton	1	0	1	0	2	0	0	2
Ellis, Benjamin	1	5	2	4	12	0	3	15
Ewing, Thomas	1	3	1	6	11	0	11	22
Elder, Samuel	1	3	1	0	5	0	0	5
Erwin, Andrew	1	0	0	0	1	0	0	1
Erwin, John	1	2	1	4	8	0	3	11
F								
Ford, Frances	1	0	1	1	3	3	6	9
Frederick, Stephen	1	4	1	4	10	10	3	13
Fletcher, William	1	0	0	0	1	0	0	1
Franklin, Abner	1	1	0	1	3	0	13	16
Franklin, Alfred	1	0	0	0	1	0	0	1
French, William	1	4	1	2	8	0	0	8
Francher, James	1	2	1	0	4	0	1	5
Ford, William B.	1	1	1	0	3	0	0	3
Fincher, Armel	1	1	1	1	4	0	0	4
Francier, Zecheriah	1	0	0	0	1	0	0	1
Flenikin, David	1	7	2	2	12	0	8	20
Flenikin, V. D. C.	1	0	0	0	1	0	0	1
Foster, William	1	0	0	0	1	0	0	1
Francher, Henry	1	1	0	3	5	0	0	5
Frazer, Elizabeth	0	0	2	1	3	0	9	12
Flenikin, William	1	1	0	1	3	0	0	3
Flenikin, Samuel	1	3	1	5	10	0	0	10

DALLAS COUNTY CENSUS 1820

	(1)	(2)	(3)	(4)	(5)	(6)	(7)	(8)
Freeman, Aaron	1	2	1	0	4	0	0	4
Frith, Archibald	1	0	0	0	1	0	0	1
Fike, John	1	0	1	0	2	0	2	4
Fike, James M.	1	0	0		1	0	0	1
G								
Grumbles, Benjamin	1	2	1	5	9	0	0	9
Grumbles, John	1	3	2	3	9	0	0	9
Greer, Robert Junr.	1	2	1	5	9	0	10	19
Greer, Robert, Senr.	1	0	1	1	3	0	15	18
George, James	2	4	1	2	9	0	0	9
George, John	1	3	1	2	7	0	4	11
George, William P.	1	0	0	0	1	0	0	1
Gilmore, James	2	1	1	2	6	0	0	6
Grayham, Joseph	1	2	1	2	6	0	7	13
Guinn, William	1	2	1	5	9	0	0	9
Guinn, John	1	2	1	2	6	0	0	6
Graves, Davenport	1	1	1	2	5	0	1	6
Gayle, John	1	0	0	0	1	0	25	26
Gilcrease, Edmund	1	3	1	1	6	0	8	14
Gale,	1	0	0	1	2	0	0	2
Galaspie, Thomas	1	4	1	1	7	0	0	7
Galaspie, Samuel	1	0	0	0	1	0	1	2
Gill, William P.	1	0	0	0	1	0	9	10
Garey, William W.	1	2	1	2	6	0	6	12
Ginnings, Gillum G	1	0	0	0	1	0	0	1
Grice, Barnabas	1	3	1	5	10	0	2	12
Grice, Carpenter	1	0	0	0	1	0	0	1
Greene, Lemuel	1	0	1	2	4	0	0	4
Gant, Robert	1	2	2	3	8	0	19	27

DALLAS COUNTY CENSUS 1820

	(1)	(2)	(3)	(4)	(5)	(6)	(7)	(8)
Gilliam, John	1	0	0	0	1	0	0	1
Gardner, Elizabeth	0	0	0	0	0	0	6	6
Gamage, Thomas	1	2	1	1	5	0	6	11
Gardner, Jason H.	1	1	1	4	7	0	56	63
Garret, Jesse	1	4	1	2	8	0	7	15
H								
Hardy, William	1	3	1	3	8	0	9	17
Hardy, Jesse	1	7	1	1	10	0	0	10
Hardy, John	1	4	1	1	7	0	13	20
Holloway, Thomas O.	1	1	1	1	4	0	4	8
Hanks, Elijah	2	1	1	1	5	0	0	5
Hardy, James	1	1	1	1	4	0	1	5
Hays, Patric	1	4	3	1	9	0	4	13
Hays, James	1	3	1	2	7	0	0	7
Hill, Hiram	1	7	1	6	15	0	0	15
Hill, William	1	0	0	0	1	0	0	1
Hayden, N. L.	1	0	0	0	1	0	0	1
Hagard, Joel	2	3	1	5	11	0	0	11
Hall, Richard	1	2	1	4	8	0	2	10
Hudgens, Isaac	1	1	1	1	4	0	0	4
Honeycutt, Joel	2	3	1	5	11	0	0	11
Higginbotham, William	1	5	1	0	7	0	1	8
Hudgins, Josiah	1	2	1	0	4	0	0	4
Hill, Major	1	4	1	3	9	0	0	9
Hill, Benjamin	1	1	1	0	3	0	1	4
Hand, John	1	4	1	1	7	0	0	7
Hughes, Joseph	1	0	1	3	5	0	1	6
Harwell, Riley	1	0	1	0	2	0	0	2
Hornbuckle, Wm. L	1	0	0	0	1	0	0	1

DALLAS COUNTY CENSUS 1820

	(1)	(2)	(3)	(4)	(5)	(6)	(7)	(8)
Harrald, James	1	1	2	1	5	0	0	5
Howie, John	1	5	2	2	10	0	0	10
Hale, John	1	3	1	2	7	0	4	13
Howie, Samuel	1	0	1	0	2	0	1	3
Hatcher, James	1	3	1	4	9	0	35	44
Hall, Benjamin	1		1	2	4	0	0	4
Henderson, David	1	0	0	0	1	0	0	1
Hoot, George	1	2	1	1	5	0	0	5
Hayman, Johnson	1	3	1	6	11	0	0	11
Howell, John F.	1	0	0	1	2	0	0	2
Hunter, James	1	2	2	0	5	0	14	19
Hunter, William	1	2	0	0	3	0	1	4
Hollingsworth, Jacob	1	5	1	5	12	0	0	12
Holcomb, John	1	0	0	0	1	0	0	1
Hardy, Daniel	1	2	1	4	8	0	7	15
Hardy, Miles	1	2	1	4	8	0	5	13
Hues, Virgil H.	1	0	0	0	1	0	0	1
Henry, Augustus	1	0	0	0	1	0	0	1
Howard, John	1	3	1	3	8	0	5	13
Hamilton, Edward	1	0	1	1	3	0	0	3
Holley, James	1	0	0	0	1	0	0	1
Henderson, Robert	1	1	1	0	3	0	0	3
Huckeby, Britain	1	0	1	2	4	0	0	4
Holmes, Clarke	1	1	0	1	3	0	1	4
Hughes, Elizabeth	0	3	1	1	5	0	0	5
Howell, Lewis	1	7	1	1	10	0	7	17
Howell, Bennett	1	0	0	0	1	0	0	1
Hart, Thomas	1	0	0	0	1	0	0	1
Hunter, Alexander	1	0	1	1	3	0	8	11

DALLAS COUNTY CENSUS 1820

	(1)	(2)	(3)	(4)	(5)	(6)	(7)	(8)
Hitt, Tilman	1	1	1	1	4	0	2	6
Harrall, William	1	2	1	1	5	0	0	5
Hart, Alexander	1	1	1	1	4	0	0	4
Harrison, Paschal	0	0	0	0	0	0	10	10
Harrison, Carter B.	1	2	1	0	4	0	15	19
Huestin, John	1	2	1	2	6	0	0	6
Holley, James	1	2	1	0	4	0	4	8
Holley, Thomas L.	1	0	0	1	2	0	0	2
Harris, Alexander	1	2	1	0	4	0	0	4
Humphries, Carlisle	1	1	1	1	4	0	5	9
Haynes, Henry	1	1	1	1	4	0	13	17
Harris, Page	1	0	0	0	1	0	0	1
J								
Jennings, Thomas	1	3	1	4	9	0	8	17
Jennings, Jeremiah	1	0	0	0	1	0	0	1
Jones, Terrell	0	1	1	1	3	0	0	3
Jones, William A.	1	0	0	0	1	0	0	1
Jackson, Lewis	1	2	0	1	4	0	0	4
James, Seaborn. M	1	0	0	0	1	0	0	1
Johnson, Jeremiah	1	2	1	5	9	0	0	9
Johnson, William	1	1	0	1	3	0	1	4
Jones, Wiley	1	3	1	1	6	0	2	8
Johnson, William	1	4	1	2	8	0	7	15
Jordan, Henry	1	4	1	1	7	0	15	22
Jones, Richard R.	2	4	1	3	10	0	1	11
Jessup, Timothy	1	2	1	2	6	0	0	6
Jessup, Enoch	1	0	0	0	1	0	0	1
Jackson, Jacob	1	3	1	0	5	0	0	5
Jackson, Boater	1	3	1	2	7	0	0	7

DALLAS COUNTY CENSUS 1820

	(1)	(2)	(3)	(4)	(5)	(6)	(7)	(8)
Johnson, John	1	3	1	1	6	0	0	6
Jones, John B.	1	0	1		2	0	4	6
Jones, James	2	5	1	3	11	0	3	14
Jones, Hastings	1	4	1	2	8	·0	0	8
Jones, Russel	1	1	1	0	3	0	0	3
Jordan, L C	1	0	0	0	1	0	0	1
Jones, Matthew	1	5	1	2	9	0	0	9
Jones, William	1	7	1	0	9	0	0	9
Johnson, Bernard	1	2	2	0	5	0	2	7
Johnson, Greer	1	1	1	3	6	0	5	11
Johnson, Lewis	1	3	1	3	8	0	2	10
Jerigan, Thomas	1	0	0	0	1	0	0	1
Jackson, William	1	0	0	0	1	0	0	1
Jackson, Thomas	1	4	0	1	6	0	7	13
Jones, Absalom	1	1	1	2	5	0	0	5
Jordan, Levi	1	0	0	0	1	0	0	1
K								
Kelly, Samuel	1	4	1	3	9	0	0	9
Keneda, Jesse	1	0	0	0	1	0	0	1
King, William .R.	1	0	0	0	1	0	80	81
King, Allen	1	9	1	0	11	0	0	11
Kendal, Samuel	1	1	1	5	8	0	0	8
Keneda, John	1	3	1	1	6	0	0	6
Keneda, Alexander	1	3	3	0	7	0	0	7
King, Henry	2	1	1	1	5	0	14	19
Killingsworth, James	1	0	0	0	1	0	0	1
Kanavaugh, Lee	1	0	0	0	1	0	0	1
King, William	1	0	0	0	1	0	1	2
King, Benajah	1	0	0	0	1	0	0	1

DALLAS COUNTY CENSUS 1820

	(1)	(2)	(3)	(4)	(5)	(6)	(7)	(8)
L								
Langford, Jarvis	1	2	1	4	8	0	1	9
Lee, William	1	0	0	0	1	0	2	3
Levingston, Aaron	1	2	0	1	4	0	0	4
Lyle, Micajah	1	0	0	0	1	0	0	1
Lee ,Miller	1	5	1	2	9	0	2	11
Lee, William	1	0	0	2	3	0	10	13
Lorring, Daniel	1	1	1	0	3	0	10	13
Lane, Edmund	1	1	1	3	6	0	26	32
Lettorette, W S.	1	0	0	0	1	0	0	1
Leopard, Charles	1	3	1	3	8	0	0	8
M								
Maull, James	1	3	1	2	7	0	42	49
Myles, John	2		1	0	3	0	3	6
Myles, Ebonezer	1	3	1	0	5	0	0	5
Myles, George	1	3	1	2	7	0	0	7
Mays, Manoah	1	0	0	0	1	0	0	1
Moseley, James	1	0	0	0	1	0	0	1
Morgan, James A.	1	0	0	0	1	0	0	1
Morgan, Stephen	1	9	1	1	12	0	4	16
Moseley, John	1	3	1	1	6	0	0	6
Morgan, John	1	4	2	3	10	0	7	17
Morrison, William	1	1	1	1	4	0	4	8
Mixon, John	1	2	1	2	6	0	10	16
Morrison, Robert	1	3	1	4	9	0	5	14
Morrison, Robert C.	1	2	1	3	7	0	7	14
Moore, Isaac	1	1	1	0	3	0	19	22
McGuire, Isaac	1	2	1	0	4	0	5	9
Morris, Rachel	0	0	1	0	1	0	6	7

DALLAS COUNTY CENSUS 1820

	(1)	(2)	(3)	(4)	(5)	(6)	(7)	(8)
McGee, Richard	1	2	1	0	4	0	0	4
McGee, Benjamin	1	2	1	2	6	0	0	6
Millard, Samuel	1	0	0	0	1	0	0	1
Moore, James	1	1	0	1	3	0	2	5
Melton, Robert	1	6	1	3	11	0	2	13
Miller, James	1	2	1	2	6	0	0	6
Mitchell, Aquilla	2	1	2	1	6	0	0	6
Morrow, John	1	1	1	4	7	0	1	8
Morrow, David Senr.	1	1	2	1	5	0	0	5
Morrow, Adam	1	0	0	0	1	0	0	1
Morrow, David Junr.	1	1	1	0	3	0	0	3
Morrow, Alexander	1	1	1	0	3	0	1	4
Morrow, Joseph	1	0	1	0	2	0	1	3
Magee, Joseph	1	0	1	2	4	0	0	4
McGough, Robert	1	1	1	1	4	0	4	8
Michison, John	1	0	1	5	7	0	0	7
Marsh, Robert	1	0	0	0	1	0	0	1
Morrow, Samuel	1	3	1	1	6	0	1	7
Mills, William	1	1	2	2	6	0	1	7
Morrison, William	1	1	1	0	3	0	0	3
Marlin, Joseph P.	1	1	1	1	4	0	0	4
Morgan, Enoch	1	0	1	2	4	0	0	4
Meredith, David	1	4	1	2	8	0	2	10
Morrison, James M.	1	3	1	2	7	0	2	9
Moore, Thomas	2	4	1	1	8	0	0	8
Moore, John	1	4	1	1	7	0	0	7
Moore, James	1	3	1	1	6	0	1	7
Moseley, Lewis	2	2	1	0	5	0	10	15
Molette, William P.	1	0	0	0	1	0	34	35

DALLAS COUNTY CENSUS 1820

	(1)	(2)	(3)	(4)	(5)	(6)	(7)	(8)
McGill, James	1	2	1	3	7	0	0	7
Meadors, Ira	2	1	1	2	6	0	0	6
Meadors, John	1	0	0	0	1	0	0	1
McLeroy, John	1	2	1	0	4	0	0	4
McLeroy, William	1	0	1	0	2	0	0	2
McLeroy, James	1	2	1	2	6	0	0	6
M—ord, David	1	2	1	3	7	0	8	15
Mathews, Dinah		2	1	1	4	0	2	6
Mattison, James	1	4	1	4	10	0	1	11
Mitchell, David	1	2	1	2	6	0	0	6
Minter, Joannah	1	0	2	0	3	0	20	23
McLeroy, Greene	1	1	1	0	3	0	1	4
McDaniel, John	1	3	1	0	5	0	0	5
McLeod, Roderick	3	2	3	7	15	0	12	27
McGuire, Isaac	1	2	1	0	4	0	5	9
Myles, John B.	1	1	1	0	3	0	0	3
McMeans, Izaac S.	1	2	1	3	7	0	3	10
Miller, John H.	1	2	1	1	5	0	10	15
McAdams, John	1	0	0	0	1	0	0	1
Moreland, Elisha	1	0	1	0	2	0	6	8
Mitchell, Stith	1	0	0	0	1	0	0	1
Mays, Robert	1	1	1	6	9	0	3	12
McJenesey & Travese	1	0	0	0	1	0	0	1
Morecraft, William	1	0	0	0	1	0	0	1
Moffett, Henry	1	0	0	0	1	0	0	1
Mott, Benjamin	1	0	1	0	2	0	4	6
Mitchell, U. G.	1	5	3	3	12	0	62	74
Myers, William H.	1	0	0	0	1	0	0	1
Matthews, Charles	0	0	0	0	0	0	25	25

DALLAS COUNTY CENSUS 1820

	(1)	(2)	(3)	(4)	(5)	(6)	(7)	(8)
Marshall, Hugh	1	0	0	0	1	0	0	1
Metcalf, Nahum	1	0	0	0	1	0	0	1
McArthur, Duncan	1	0	0	0	1	0	0	1
McDaniel, James	1	0	1	3	5	0	17	22
McKenzie, Kematham	1	3	1	0	5	0	0	5
McKenzie, Samuel	1	0	0	0	1	0	0	1
Miller, Stephen	1	0	0	0	1	0	0	1
Moss, Henry	1	4	1	2	8	0	6	14
McLendon, Lewis	1	2	1	3	7	0	0	7
Miller, Joseph	1	0	0	0	1	0	0	1
Moses, Samuel	1	2	1	1	5	0	0	5
Martin, Shadrach	1	5	1	3	10	0	0	10
Miller, Elijah	1	0	0	0	1	0	0	1
McCullin, Council	1	2	1	2	6	0	2	8
McLellen, M. W.	1	2	1	1	5	0	2	7
Maxwell, John	1	0	1	2	4	0	4	8
Moore, Aaron, Senr.	1	0	1	0	2	0	4	6
Morrow, William	1	3	1	2	7	0	0	7
McCartha, Jacob	1	6	1	2	10	0	0	10
Meredith, Jesse	1	2	1	2	6	0	0	6
Moore, Aaron Junr.	1	2	1		4	0	1	5
N								
Nunnelly, Ousamon F	1	1	0	1	3	0	3	6
Nunnelly, Willie	1	2	1	2	6	0	7	13
Nunnelly, Howell	1	1	0	1	3	0	2	5
Norris, Thomas	1	4	1	2	8	0	0	8
Norris, William L.	1	1	1	6	9	0	0	9
Norwood, Elias W.	2	4	1	3	10	0	0	10
Nixon, William	1	0	0		1	0	0	1

DALLAS COUNTY CENSUS 1820

	(1)	(2)	(3)	(4)	(5)	(6)	(7)	(8)
Nixon, John	1	0	0	0	1	0	0	1
New, Samuel	1	3	1	1	6	0	2	8
Nixon, Edward	1	0	0	0	1	0	0	1
Nunn, James	1	3	1	0	5	0	3	8
Naramore, Alfred	1	0	0	0	1	0	0	1
Norris, John W.	1	0	0	0	1	0	0	1
Newbery, Jacob	1	0	0	0	1	0	0	1
Norris, Samuel G.	1	2	1	0	4	0	1	5
Nobles, Sanders L.	1	0	0	0	1	0	0	1
Norris, John B.	1	0	1	0	2	0	0	2
O								
Olds, James	1	2	1	0	4	1	0	5
Osborn, Christopher	1	3	1	3	8	0	0	8
Olds, William W.	1	5	1	1	8	18	0	26
Oglesby,	2	3	0	0	5	0	0	5
Oneal	1	0	0	0	1	3	0	4
P								
Pierce, Abraham	1	0	1	3	5	2	0	7
Pierce, Levi	1	0	0	0	1	0	0	1
Pierce, Thomas	1	2	2	1	6	0	0	6
Pyle, Thomas	1	2	1	1	5	0	0	5
Pyle, Samuel	1	2	1	2	6	0	0	6
Parnelle, Elijah	1	1	1	0	3	0	0	3
Parnelle, Daniel	1	5	1	2	9	0	1	10
Parnelle, Jesse	1	5	1	3	10	0	0	11
Pelhah, Elisha	1	3	1	1	6	0	2	8
Pickens, Joseph	1	0	0	0	1	0	32	33
Pickens, Andrew	0	0	0	0	0	0	30	30
Parker, James	1	2	2	1	6	0	0	6

DALLAS COUNTY CENSUS 1820

	(1)	(2)	(3)	(4)	(5)	(6)	(7)	(8)
Peters, William	1	3	1	1	6	0	0	6
Page, William	2	0	2	0	4	0	0	4
Page, Philip	1	0	0	0	1	0	0	1
Pepper, Joseph	1	2	2	2	7	0	0	7
Porter, Alexander	1	1	1	1	4	0	3	7
Prestige, Benjamin	1	0	0	1	2	0	0	2
Prestidge, Larkin	1	5	1	4	11	0	0	11
Pinson, Joab	1	1	1	1	4	0	17	21
Perry, Horatio G.	1	0	0	0	1	0	0	1
Persons, Samuel	1	3	1	3	8	0	3	11
Pelham, William	1	0	2	0	3	0	8	11
Prewett, Lemuel	1	3	1	4	9	0	0	9
Patric, John B.	1	1	1	2	5	0	0	5
Pye, William	1	0	0	0	1	0	2	3
Pharis, Richard	1	0	0	0	1	0	0	1
Pitts, George W.	1	0	0	0	1	0	1	2
Pope, Alexander	1	3	1	2	7	0	21	28
Pelham, Samuel	1	0	0	0	1	0	0	1
Posey, Morgan	1	0	0	0	1	0	0	1
Peters & Renaldi	2	1	0	0	3	0	0	3
—geon, Henry	1	0	0	0	1	0	0	1
Perry, John C.	1	0	0	0	1	0	0	1
Peck, Leonard	1	0	0	0	1	0	0	1
Porter, James B.	1	0	0	0	1	0	0	1
Parsons, Brooks H.	3	0	0	0	3	0	0	3
Pope, William C.	1	1	1	0	3	0	1	4
Pickens, Samuel	1	0	0	0	1	0	0	1
Ponsonby, George	1	3	1	4	9	0	8	17
Parris, William	1	0	0	0	1	0	0	1

DALLAS COUNTY CENSUS 1820

	(1)	(2)	(3)	(4)	(5)	(6)	(7)	(8)
Philips, George	1	0	1	3	5	0	45	50
Payne, Philip	1	1	1	4	7	0	0	7
Parker, Elisha	1	0	0	0	1	0	4	5
Parker, Peter	1	4	1	2	8	0	1	9
R								
Ramsey, Isham	1				1			1
Reives, Frederick H.	1				1			1
Ridgeway, Thomas	1	3	1	1	6		2	8
Robertson, John	1	1	1	4	7		2	9
Roberson, John	1	3	1		5			5
Robertson, George	1				1			1
Roark, Jesse	1	3	1	3	8		2	10
Ross, Jesse	1	4	1	4	10	0	1	11
Ross, Benjamin	1	1	0	0	2	0	0	2
Reives, Jeremiah	1	0	0	0	1	0	0	1
Reives, David	1	3	1	0	5	0	0	5
Reynolds, James	1	1	1	4	7	0	0	7
Ross, James	0	3	0	2	5	0	0	5
Ragsdale, William H.	2	0	1	1	4	0	11	15
Ray, Leonard P.	2	1	1	0	4	0	0	4
Russel, James	1	2	1	5	9	0	3	12
Russel, David	2	4	2	2	10	0	4	14
Russel, Robert	1	2	3	4	10	0	0	10
Russel, Robert E.	1	0	0	0	1	0	0	1
Reeves, Samuel H.	1	1	1	0	3	0	0	3
Ross, William	1	3	1	5	10	0	0	10
Ross, Hugh	1	0	0	0	1	0	0	1
Rigsby, Enoch	0	1	0	1	2	0	0	2
Robertson, Aaron	1	0	0	0	1	0	0	1

DALLAS COUNTY CENSUS 1820

	(1)	(2)	(3)	(4)	(5)	(6)	(7)	(8)
Rutherford, Thomas B.	0	0	0	0	0	0	15	15
Rutheford, William	1	0	1	1	3	0	9	12
Rutledge, John	1	0	0	0	1	0	0	1
Rigsby, Thomas	3	2	1	1	7	0	0	7
Richie, John	1	0	1	1	3	0	0	3
Reid, Josiah	1	0	0	0	1	0	0	1
Reynolds, James	1	4	1	7	13	0	18	31
Reynolds, Benjamin	1	0	1	1	3	0	0	3
Reid, John	2	1	1	4	8	0	5	13
Radcliffe, John	1	1	1	4	7	1	2	10
Ranson, Robert	1	0	0	0	1	0	0	1
Ray, John W.	1	2	1	0	4	0	1	5
Reives, George M & Co.	1	2	0	0	3	0	0	3
Rose, John	2	0	0	0	2	0	0	2
Rose, Charles	1	0	0	0	1	0	6	7
Robertson, Allen	1	0	0	0	1	0	0	1
S								
Scott, William	1	4	1	3	9	0	0	9
Satawhite, John	1	0	1	0	2	0	7	9
Sheffield, Frederick	1	0	1	2	4	0	1	5
Shores, Jacob	1	3	1	4	9	0	0	9
Smith, Robert	1	1	1	1	4	0	4	8
Spratt, Robert	1	0	0	0	1	0	0	1
Swift, John	1	2	1	3	7	0	27	34
Smith, Baxter	1	1	0	0	2	0	28	30
Shearer, Gilbert	1	1	1	2	5	0	20	25
Sanders, Benjamin L.	1	0	0	3	4	0	13	17
Smith, Roddy	1	4	1	1	7	1	5	13
Scott, Joseph	1	0	0	0	1	1	0	1

DALLAS COUNTY CENSUS 1820

	(1)	(2)	(3)	(4)	(5)	(6)	(7)	(8)
Sharp, William	1	4	1	2	8	0	3	11
Swanson, Nathan	1	1	1	0	3	0	2	5
Semmes, Reddick	1	4	1	3	9	0	6	15
Short, John	2	2	3	4	11	0	0	11
Sanson, William	1	2	1	2	6	0	0	6
Short, Michael	1	0	0	0	1	0	0	1
Smith, Andrew	1	6	2	4	13	0	2	15
Sanson, Peter	1	0	0	0	1	0	0	1
Scott, John	1	3	1	3	8	0	147	155
Shaw, Alexander	1	0	1	3	5	0	0	5
Sorelle, John	1	6	2	3	10	0	12	22
Smith, John	1	0	1	3	7	0	0	7
Simms, Littlepage	0	3	0	0	3	0	2	5
Stone, Abner	1	0	1	2	4	0	0	4
Stubblefield, John	1	0	0	0	1	0	4	5
Summers, John	1	0	0	0	1	0	0	1
Stobo, William	1	0	0	0	1	0	0	1
Shelton, Jonathan	1	0	0	0	1	0	0	1
Sutton, William	1	0	0	0	1	0	0	1
Shurley, George	1	0	0	0	1	0	4	5
Sargeant, Nathan	1	0	0	0	1	0	0	1
Sullivan, Duncan	1	0	0	0	1	0	3	4
Saturwhite, Charles	1	0	0	0	1	0	12	13
Saffold, Rewben	1	4	1	2	8	0	17	25
Smith, John B.	1	0	1	0	2	0	0	2
Steinburg, John V.	1	0	0	0	1	0	0	1
Stokes, Jackson	1	0	0	0	1	0	0	1
Saffold, James	1	3	2	3	9	0	9	18
Sutcliffe, Silvester	1	1	0	2	4	0	3	7

DALLAS COUNTY CENSUS 1820

	(1)	(2)	(3)	(4)	(5)	(6)	(7)	(8)
T—, Josiah	1	2	1	4	8	0	0	8
Thomas, Atha	1	3	1	1	6	0	0	6
Todd, James	1	1	0	0	2	0	0	2
Todd, Richard	1	0	0	0	1	0	0	1
Thomas, John	1	1	1	4	7	0	3	10
Tarver, Benjamin	1	0	0	0	1	0	21	22
Traylor, Betsey W.		4	2	3	9	0	6	15
Taggart, John	1	1	1	5	8	0	2	10
Thrash, John	1	0	0	0	1	0	0	1
Thrash, George	1	3	1	1	6	0	5	14
Thrash, Joseph	1	0	0	0	1	0	5	1
Tatum, Luke	1	3	2	5	11	0	0	11
Thomson, Alfred	1	0	1	3	5	0	0	5
Taylor, Benjamin W.	1	0	0	0	1	0	1	2
Thomson, Richard	1	0	1	1	3	0	0	3
Tobin, John R.	3	0	0	0	3	0	0	3
Travers, Robert	1	1	2	2	6	0	4	10
Taylor, John Esq.	1	0	0	1	2	0	0	2
Turner, Jesse	1	0	0	0	1	0	0	1
Thorington, John H.	1	3	1	3	5	0	0	5
Tharp, Hardy	1	0	0	0	1	0	0	1
Taylor, Col. John	1	0	1	1	3	0	62	65
Tool, David	1	0	1	0	2	0	4	6
Tool, Ely	1	4	1	2	8	0	6	14
Tippett, Benjamin	1	0	1	0	3	0	1	4
Taylor, William	1	0	1	1	3	0	4	7
Toottle, Lewis	1	0	0	1	0	4	0	1
U								
Underwood, William	1	2	1	3	7	0	0	7

DALLAS COUNTY CENSUS 1820

	(1)	(2)	(3)	(4)	(5)	(6)	(7)	(8)
Underwood, Nimrod	1	0	0	0	1	0	0	1
V								
Vanderslice, Benjamin	1	5	1	4	11	0	0	11
Vanderslice, Scott	1	0	0	0	1	0	0	1
Vanderslice, John	1	0	0	0	1	0	0	1
Vann, Joseph	1	3	1	4	9	0	1	10
Voltz & Gray	1	1	0	0	2	0	0	2
Vandyke, Alexander	1	0	0	0	1	0	0	1
Vanperdellis, B. F.	1	0	0	0	1	0	0	1
Walters, W William	1	0	1	2	4	0	0	4
Wood, Joseph	1	3	1	5	10	0	3	13
Wood, Alfred	1	0	0	0	1	0	9	10
Ware, Samuel	1	0	0	0	1	0	0	1
Williams, Theophilus	1	0	0	2	3	0	7	10
Williams, Henry	1	0	0	1	2	0	0	2
Walker, John S.	1	0	0	0	1	0	0	1
Walker, Joseph	1	3	1	3	8	0	5	13
Webster, Mathew	1	1	1	0	3	0	0	3
Washington, Thomas	1	0	0	0	1	0	0	1
Ward, Joshua	1	0	0	0	1	0	0	1
Woods, Bailey M.	1	0	0	0	1	0	13	14
Wilson, William	1	1	1	1	4	0	3	7
Wilson, John M. K.	1	1	1	2	5	0	2	7
Walters, John	1	0	1	1	3	0	5	8
Walters, Samuel	1	1	2	2	6	0	0	6
Walters, Joseph	1	1	1	1	4	0	0	4
Woodley, Jonathan	1	0	0	0	1	0	0	1
Wallace, Samuel W.	1	0	1	1	3	0	2	5
West, Simon H.	1	0	0	0	1	0	0	1

DALLAS COUNTY CENSUS 1820

	(1)	(2)	(3)	(4)	(5)	(6)	(7)	(8)
Waugh, Samuel	2	0	2	0	4	0	4	8
Waugh, William	1	0	0	0	1	0	2	3
Woods, Thomas	1	0	1	2	4	0	7	11
Woods, William B.	1	3	1	2	7	0	0	7
Woods, Joseph	1	3	1	0	5	0	1	6
Woods, Cyrus	1	0	1	4	6	0	0	6
Woods, Edward	1	0	0	0	1	0	0	1
Woods, Andrew	1	0	1	0	2	0	0	2
Walker, Joseph	1	6	1	3	11	0	6	17
Walker, John G.	1	1	1	0	3	0	0	3
Walker, John	1	2	1	2	6	0	2	8
Wiliford, Wiley	1	1	1	1	4	0	0	4
Wilson, Matthew	1	0	0	0	1	0	0	1
Wilson, Fields	1	0	0	0	1	0	1	2
Walker, Ebenezer	1	0	0	0	1	0	0	1
Waldrum, William R.	1	0	0	0	1	0	0	1
Walsh, Thomas	1	0	1	0	2	0	0	2
Wilson, Russel	1	0	0	0	1	0	0	1
Wilson, Thomas	1	0	0	0	1	0	0	1
Walker, Cornelius	1	0	1	5	7	0	0	7
Williams, George	1	0	0	0	1	0	0	1
Works, John	2	0	0	0	2	0	0	2
Works, Oswel	1	1	1	5	8	0	0	8
Waller, Elizabeth	0	0	1	1	2	0	0	2
Waller, William	1	2	1	2	6	0	0	6
Wailer, James	1	0	1	1	3	0	0	3
Waller, Bridget	0	4	1	2	7	0	0	7
Weaver, Philip J.	1	0	0	0	1	0	0	1
Wells, John H.	1	2	1	4	5	0	0	8

DALLAS COUNTY CENSUS 1820

	(1)	(2)	(3)	(4)	(5)	(6)	(7)	(8)
Williams, William	3	3	1	4	11	0	0	11
Whatley, Wilson M.	1	1	1	1	4	0	1	5
Whatley, William	1	1	0	1	3	0		3
Williamson, J. H.	1	2	1	1	5	0	20	25
Wingate, Edward	1	1	1	1	4	0	0	4
West, Uriah	1	2	1	2	6	0	0	6
Woodall, Michael	1	3	1	0	5	0	4	9
Works, Jesse	1	3	0	0	1	0	0	1
Ware, James	1	1	1	1	4	0	0	4
Whitehurst, Richard	1	0	0	0	1	0	0	1
Wallace, John	1	0	1	0	2	0	0	2
Williams, Hannah	0	3	2	0	5	0	0	5
Wardlow, James	1	1	0	0	2	0	9	11
Wren, William	2	2	2	2	8	0	13	21
White, David	1	0	1	0	2	0	0	2
Wiley, Thomas M.	1	0	0	0	1	0	0	1
Y								
Yost, Andrew	2	3	1	0	6	0	0	6
Youngblood, Jacob	1	3	1	3	8	0	8	16
Youngblood, William	1	0	0	0	1	0	0	1
Youngblood, Anda	2	2	2	3	9	0	0	9
	754	967	503	897	3,121	5	2,520	5,646

Hence the enumeration of the County of Dallas for the year 1820, gives a total of 5646 Souls, of whom 2525 are blacks, 5 of whom are free. And 3121 are whites of the males of whom, 754 are 21, & 967 are not, and of the females 503 are 21 & 897 are not.

Saul Davis A. D. C.

ALABAMA 1840

Adapted from Dorman's Party Politics in Alabama from 1850 Through 1860.

FRANKLIN COUNTY CENSUS 1820

Names of the heads of families.

(1)—White males over twenty one years.

(2)—White males under twenty one years.

(3)—White females over twenty one years.

(4)—White females under twenty one years.

(5)—Total of white population.

(6)—Total of free people of colour.

(7)—Total of slaves.

(8)—Total of inhabitants.

	(1)	(2)	(3)	(4)	(5)	(6)	(7)	(8)
Phillip C Davis	1	2	1	2	6	0	2	8
Henry S. Simington	2	6	1	1	10	0	8	18
Daniel McKinley	2	2	1	0	3	0	0	3
Anderson Arnold	2	2	1	3	8	0	0	8
Henry Nowland	1	0	1	0	2	0	0	2
John Nowlan	1	5	1	0	7	0	0	7
James Smith	1	2	1	3	7	0	0	7
Jessie Holland	1	0	1	0	2	0	0	2
James Corbet	1	0	0	0	1	0	0	1
John P Brown	1	2	1	2	6	0	3	9
George Russell	1	1	0	0	2	0	4	8
Wm Hooker	1	4	2	4	11	0	0	11
Richard Burgess	1	4	1	1	7	0	1	8
Clemont Reed	1	3	1	2	7	0	0	7
John Wilie	1	1	1	3	6	0	1	7
Wm Russell	1	0	1	0	2	0	17	19
James McMillen	1	5	1	1	8	0	0	8

FRANKLIN COUNTY CENSUS 1829

	(1)	(2)	(3)	(4)	(5)	(6)	(7)	(8)
Arthur McWilliams	1	0	0	0	1	0	0	1
Hew McWillaims	1	1	1	1	4	0	0	4
Noble S. Stone	1	1	1	2	5	0	0	5
Abrham Robertson	1	2	1	7	11	0	9	20
John Arnold	1	1	1	1	4	0	0	4
Jacob W. Brooks	1	2	1	4	8	0	0	8
Samuel B. Hooker	1	2	1	2	6	0	0	6
Jesse Yocom	1	2	1	2	6	0	0	6
Thomas Mullins	1	3	1	0	5	0	0	5
Wm. Willie	0	1	0	2	3	0	0	3
William Little	0	3	1	2	6	0	0	6
Aron Tucker	1	2	1	2	6	0	0	6
Benjiman Burgess	2	0	1	1	4	0	1	5
Wm. Riley	1	6	1	0	8	0	0	8
James Hurlley	1	1	1	1	4	0	0	4
Barten Scrogens	1	3	1	0	5	0	0	5
Hance McWhorter	1	3	1	3	8	0	8	16
John Raygor	2	1	1	2	6	0	1	7
Jacob Humble	1	2	1	2	6	0	5	11
William F. Overall	1	2	1	1	5	0	4	9
Thomas S. Carson	1	1	1	0	3	0	0	3
Rebaca Carson	0	3	1	1	5	0	0	5
John Simons	1	4	1	2	8	0	0	8
Abraham Simons	2	0	0	2	4	0	0	4
Wm. Corbet	0	1	1	1	3	0	0	3
Daniel Moses	1	3	1	1	6	0	0	6
Charles Mattock	1	0	1	3	5	0	0	5
Robert Kennady	1	0	0	0	1	0	0	1
Joel Deboyse	0	1	0	1	2	0	0	2

FRANKLIN COUNTY CENSUS 1820

	(1)	(2)	(3)	(4)	(5)	(6)	(7)	(8)
Nathan Lisby	1	0	0	0	1	0	0	1
Wm. Akin	0	1	0	0	1	0	0	1
Harvey Skinner	1	3	1	1	6	0	1	7
Samuel Brooton	1	1	0	1	3	0	2	5
Wm. Mullins	1	2	1	2	6	0	5	11
Andrew Evins	1	0	0	0	1	0	0	1
Edward Simpson	0	1	0	0	1	0	0	1
Hew McWilliams	1	1	1	1	4	0	0	4
Jesse Hulsey	2	1	1	4	8	0	0	8
James Clemons	1	1	0	3	5	0	0	5
Wm Simons	1	2	1	1	5	0	0	5
Jaret Brannon	1	4	1	2	8	0	0	8
William Debuoise	1	0	1	6	8	0	0	8
Lemuel Smith	1	0	1	2	4	0	0	4
James Smith	1	1	1	4	7	0	0	7
Robert Thompson	1	0	0	0	1	0	0	1
Samuel Smith	1	0	0	0	1	0	0	1
Francis Buriss	1	2	1	3	7	0	12	19
Samuel Gattis	2	3	2	1	8	0	1	9
John Mitchel	1	0	0	2	3	0	0	3
James Carpenter	1	1	1	2	5	0	1	6
Zekil Inmon	1	5	1	1	8	0	0	8
Elizaha Bates	1	2	2	1	6	0	0	6
John May	1	2	1	3	7	0	0	7
John L. Henderson	1	2	1	3	7	0	0	7
Mattias Baust	1	0	0	0	1	0	0	1
C. M. McMillan	1	0	0	0	1	0	0	1
James Hickerson	1	0	0	0	1	0	0	1
Wm. H. Duke	1	0	0	1	2	0	0	2

FRANKLIN COUNTY CENSUS 1820

	(1)	(2)	(3)	(4)	(5)	(6)	(7)	(8)
John Townson	1	0	1	1	3	0	0	3
John Luke	2	1	0	0	3	0	0	3
Alex Orr	4	0	0	0	4	0	0	4
Augustine Thompson	1	0	1	1	3	0	0	3
John Evans	1	0	0	0	1	0	0	1
Lewis Thompson	1	0	1	1	3	0	0	3
Luke Muncey	2	0	0	0	2	0	0	2
Wm Handlin	3	1	0	0	4	0	0	4
Jos Wafford	1	3	1	3	8	0	0	8
Valantine Gates	1	2	1	3	7	0	0	7
Richard Gullet	1	0	1	2	5	0	0	5
Sherod Anderson	1	2	0	1	5	0	0	5
Silas Fuquay	2	1	2	1	6	0	0	7
Andrew Night	1	7	0	2	10	0	1	11
Wm Martin	1	2	1	1	5	0	0	5
John C. Buriss	3	6	4	19	32	0	20	52
Wm. Self	1	0	1	0	2	0	1	3
Stephen. H. Doxey	1	0	0	0	1	0	0	1
John Silmon	1	5	1	2	9	0	0	9
Niese Spensor	1	0	1	3	5	0	0	5
Adam Relin	1	2	1	2	6	0	0	6
Moses Cowen	1	2	1	1	5	0	12	17
Jno Armstrong & Bryan	2	0	0	0	2	0	10	12
Joseph Haslep	1	3	1	3	8	0	44	52
T. L. Duncan	1	3	1	1	6	0	0	6
Wm. Duncan	1	1	1	0	3	0	0	3
Humphery Thompkin	2	2	1	3	8	0	6	14
John Aitkin	2	0	1	0	3	0	0	3
Benjiman Chapman	1	0	1	3	5	0	0	5

FRANKLIN COUNTY CENSUS 1820

	(1)	(2)	(3)	(4)	(5)	(6)	(7)	(8)
Wilson McKissic	1	0	0	0	1	0	0	1
David Shanon	3	1	1	3	8	0	0	8
John Williams	1	0	0	0	1	0	0	1
Mastin Graham	1	2	0	0	3	0	7	10
James Frazor	1	0	0	0	1	0	0	1
C. M. Bradner	1	0	0	0	1	0	0	1
M. A. Temple	1	0	0	0	1	0	0	1
Alex Morris	1	1	0	1	3	0	2	5
Goldman Kimbro	1	5	1	2	9	0	0	9
Marmaduke Kimbro	1	1	1	0	3	0	0	3
Claburn Williams	1	4	1	2	8	0	4	12
John Morgan	1	0	0	0	1	0	0	1
George Morgan	1	0	1	2	4	0	2	6
James Allen	2	3	1	1	7	0	0	7
Linsey Allen	1	0	0	1	2	0	0	2
Benjamin Wallis	1	0	0	0	1	0	0	1
Ashall Dancer	1	0	1	2	4	0	0	4
Peter Flanigin	1	0	0	0	1	0	0	1
Garett Ford	1	4	1	1	7	0	0	7
Wm. Martin	1	1	0	1	3	0	0	3
Elizabeth Moore	0	3	1	3	7	0	7	14
Temple Sargent	1	3	1	1	6	0	3	9
Samuel Martin	1	0	1	3	5	0	0	5
Bennet A. Higians	0	2	0	0	2	0	1	3
Eli Silman ?	1	0	1	1	3	0	1	4
Eli Sugg	1	2	1	0	4	0	6	10
Henderson Bates	1	0	1	1	3	0	0	3
Wm. S. McCree	1	0	0	0	3	0	0	3
Rachel Legran	0	2	1	3	6	0	0	6

FRANKLIN COUNTY CENSUS 1820

	(1)	(2)	(3)	(4)	(5)	(6)	(7)	(8)
Wm. Grason	1	1	0	0	2	0	0	2
Isoom Bowman	1	4	1	1	7	0	0	7
Wm. Drake	1	1	1	2	5	0	6	11
Thomas Benson	1	0	1	2	4	0	0	4
Earsmas Tollerson	1	1	0	0	2	0	0	2
Wm. Townson	1	1	0	0	2	0	4	6
Jacob Keykendale	1	0	0	1	2	0	1	3
Joshua Brown	1	4	1	2	8	0	0	8
Josiah Alexander	1	1	1	4	7	0	0	7
Alex McDonald	1	0	0	2	3	0	1	4
Robert McMiken	1	1	1	0	3	0	1	4
David McMiken	1	1	2	2	6	0	0	6
Richard Allen	0	3	1	0	4	0	0	4
Barnes Metcalfe	1	0	0	1	2	0	2	4
Jesse Grimes	1	4	1	5	11	0	0	11
Thomas Hooker	1	5	1	3	10	0	0	10
Allen Bullock	1	2	1	0	4	0	0	4
Samuel Watts	1	1	1	2	5	0	6	11
Sam'l Bell ·	2	3	1	1	7	0	0	7
Hutchens Burten	1	3	1	1	6	0	3	9
Smith Hogan	1	0	1	3	5	0	30	35
David Enloe	2	4	2	4	12	0	0	12
Samuel. B. Harris	1	5	1	5	12	0	3	15
Gershon Farchild	1	1	0	2	4	0	0	4
John Hogan	1	3	3	0	7	0	3	7
Pulsky Dualy	1	0	0	0	1	0	3	4
Thos. T. Friston	1	2	0	1	4	0	14	18
James Hagan	1	0	0	0	1	0	14	1

FRANKLIN COUNTY CENSUS 1820

	(1)	(2)	(3)	(4)	(5)	(6)	(7)	(8)
Ephriam Fuqua	1	2	1	1	5	0	1	6
Francis Golston	2	3	1	1	7	0	2	9
Joseph Timerson	1	2	1	0	4	0	0	4
Marget Timerson	0	2	1	1	4	0	5	9
James Lawler	1	1	0	1	3	0	1	4
John Lawler	1	2	1	1	5	0	0	5
Ann Dowdle	0	1	2	0	3	0	1	4
Thomas Moose	1	2	1	6	10	0	4	14
Benjiman Hamby	1	0	0	1	2	0	0	2
Willie Skiner	1	3	1	5	10	0	2	12
Theophilus Skinner	1	2	1	5	9	0	4	13
Jose Olive	1	0	1	1	3	0	2	5
Peter Cobbe	1	1	1	3	6	0	0	6
Daniel Malone	1	0	0	0	1	0	0	1
Wm. Stewert	1	3	1	4	9	0	0	9
Wm. Kennady	2	3	2	0	7	0	0	7
Wm. Kennady Jr.	1	0	1	2	4	0	0	4
Davie Kennady	1	0	1	0	2	0	0	2
George Hooker	1	3	1	2	7	0	0	7
Wm. N. Parham	1	1	0	1	3	0	12	15
Robert Brunson	1	2	1	0	4	0	45	49
Adam. L. Stewart	1	0	0	0	1	0	0	1
Michal Dickson	1	5	1	2	9	0	12	21
Theop. A. W. Cockburn	1	1	1	3	6	0	16	22
M. D. Bunch	1	4	1	2	8	0	8	16
Walter Cockburn	1	0	1	2	4	0	0	4
David C. Rone	1	0	0	0	1	0	0	1
John Davis	1	4	1	1	7	0	8	15

FRANKLIN COUNTY CENSUS 1820

	(1)	(2)	(3)	(4)	(5)	(6)	(7)	(8)
Robert Dickson	1	0	1	0	2	0	13	15
Arguil Taylor	4	2	1	4	11	0	6	17
Thoe. M. Pope	1	0	1	1	3	0	18	21
Winslow Johnson	1	1	0	0	2	0	1	3
Tedence Lane	2	2	1	2	7	0	10	17
Micajaha Taver	1	0	0	0	1	0	0	1
Goodlow. W. Malone	1	0	0	0	1	0	0	1
Abraham. W. Bell	1	0	0	0	1	0	0	1
Curtis Hooks.	1	0	2	1	4	0	15	19
Michael Bailey	2	1	1	5	9	0	11	20
Burne McKernal	1	0	0	0	1	0	7	8
Nickalas Perkins.	3	2	0	0	5	0	12	17
John Burrow	1	0	1	1	3	0	1	4
Bewben Nawl	1	1	1	1	4	0	0	4
James T. Sanford	3	6	2	0	11	0	10	21
Brackston Smith	0	1	0	0	1	0	0	1
Wm. O. Pirkins	1	0	0	0	1	0	19	20
Miichel Bird	1	4	0	0	5	0	5	10
Edman R. Anderson	1	0	0	0	1	0	0	1
Jonathan Wilson	1	2	2	2	7	0	0	7
Jesse. H. Warde	1	0	0	0	1	0	0	1
John B. Nooe.	1	2	1	5	9	0	20	29
Wm. Bowman	1	2	1	7	11	0	0	11
David Towen	1	2	1	3	7	0	0	7
Robert Bowman	1	3	1	1	6	0	0	6
Richard Ellis	1	1	2	1	5	0	23	28
David Anderson	1	2	1	1	5	0	0	5
Wm. Lucus	1	2	2	3	8	0	11	19

FRANKLIN COUNTY CENSUS 1820

	(1)	(2)	(3)	(4)	(5)	(6)	(7)	(8)
David Cook	1	0	0	1	2	0	7	9
John. P. Masterson	1	3	1	5	10	0	0	10
Abner Hill	1	2	1	2	6	0	0	6
Abraham Allen	1	0	0	1	2	0	9	11
William Hill	1	3	1	1	6	0	0	6
Ezekil Bates	1	3	2	1	7	0	0	7
Gillington Chism	1	3	0	1	5	0	0	5
Meriddeth King	1	1	1	3	6	0	0	6
William Wallis	2	3	1	1	7	0	0	7
Henry Scott	1	3	1	1	6	0	0	6
Amas Koonce	0	1	0	1	2	0	0	2
David Wade	1	1	1	1	4	0	0	4
Abraham Allen	1	0	0	1	2	0	0	2
Jame Culberson	1	0	0	0	1	0	0	1
John Davis	1	1	1	0	3	0	35	38
Daniel Waller	1	2	1	2	6	0	1	7
Thomas Hewett	1	2	1	2	6	0	4	10
Andrew Allen	2	5	1	8	16	0	5	21
Horatio Belt	1	3	1	1	6	0	0	6
James Thomas	1	4	1	6	12	0	8	20
Leml. G. Koonce	1	0	0	0	1	0	0	1
Palis Neelly	2	0	2	1	5	0	2	7
Benjiman Smith	2	3	1	1	7	0	2	9
Sam'l Neelly	1	3	0	2	6	0	6	12
David Arnet	2	4	1	2	9	0	1	10
Archabale Daniel	1	2	1	1	5	0	0	5
James F. German	1	0	0	0	1	0	0	1
John Bedman	1	0	0	0	1	0	0	1

FRANKLIN COUNTY CENSUS 1820

	(1)	(2)	(3)	(4)	(5)	(6)	(7)	(8)
Lemal Koonce.	1	3	1	6	11	0	0	11
Edley Ewing	2	1	0	2	5	0	7	12
T. V. Johnson	1	0	1	0	2	0	3	5
Henry Lee	1	0	1	0	0	0	0	1
James Hardcastle	2	2	1	4	9	0	0	9
Andrew Blackwod	1	2	1	3	7	0	0	7
Thomas Tindle	1	0	0	0	1	0	0	1
James Cook	1	2	1	3	7	0	6	13
James Ford	1	0	0	2	3	0	0	3
Alpherd Moore	0	3	1	2	6	0	0	6
John Hamilton	3	2	1	2	8	0	0	8
John Gillihan	1	3	1	0	5	0	3	8
Bery Vinson	1	1	1	0	3	0	0	3
Wm. Hamilton	1	4	1	1	7	0	0	7
John Rayburn	1	6	1	2	10	0	0	10
Wm. H. Cook	1	5	1	3	10	0	8	18
John. H. Evians	1	0	0	0	1	0	0	1
Thomas Hamilton	1	1	1	2	5	0	0	5
John Brown	1	2	1	3	7	0	0	7
Besse Hamilton	0	1	0	1	2	0	0	2
Wm. Greene	1	1	2	2	6	0	0	6
Benjamin Ford	1	4	1	2	8	0	0	8
Wm. Burgess	1	1	3	2	7	0	9	16
David Tallerson	1	2	1	3	7	0	0	7
John Moore	1	3	1	2	7	0	0	7
Solloman Moody	1	7	1	3	12	0	0	12
Wm. Moore	2	2	2	3	9	0	0	9
David A. Mills	1	1	1	1	4	0	0	4

FRANKLIN COUNTY CENSUS 1820

	(1)	(2)	(3)	(4)	(5)	(6)	(7)	(8)
William Mills	1	0	1	1	3	0	4	7
Gaberl Bourlan	1	3	1	0	5	0	0	5
George Martin	1	1	1	3	6	0	0	6
Charles Robertson	1	3	1	1	6	0	0	6
John Benson	1	4	1	1	7	0	0	7
James Townson	1	2	1	3	7	0	0	7
Joseph Gray	1	2	1	4	8	0	0	8
Wm. Gray	1	1	1	3	6	0	0	6
John Bell	1	2	1	1	5	0	0	5
Daniel Fenerson	1	2	1	5	9	0	0	9
John Patrick	1	3	1	3	8	0	0	8
Wm. Taylor	1	4	1	3	9	0	2	11
Vincent Stanrphill	1	1	1	2	5	0	0	5
Kinchon Baldwin	1	1	1	4	4	0	0	4
John Gray	1	1	1	2	5	0	0	5
Briges Arnel	1	3	1	3	8	0	0	8
James Malone	1	0	0	1	2	0	0	2
Pamphrett Malone	1	1	0	1	3	0	0	3
Wm. Hester	1	4	1	4	10	0	0	10
Parker Chandler	1	1	1	0	3	0	0	3
Wyatt Freeman	1	4	1	2	8	0	7	15
Jesse Deese	1	2	2	3	8	0	0	8
Ira Olive	2	2	2	3	9	0	2	9
ELIJAHA Silivan	1	2	2	2	7	0	0	7
THOmas SUgg	2	1	1	1	5	0	10	15
Elisha Thomas	2	2	2	2	8	0	3	11
Thomas Cook	1	4	1	5	11	0	8	19

FRANKLIN COUNTY CENSUS 1820

	(1)	(2)	(3)	(4)	(5)	(6)	(7)	(8)
Wm. Bingham	1	6	1	4	12	0	1	13
Levi Moore	1	2	1	1	5	0	0	5
Samuel. B. White	1	1	0	1	3	0	5	8
Richard Wagner	1	1	1	0	3	0	2	5
Robert Care	2	3	1	0	6	0	0	6
Saml Bell	1	0	1	1	3	0	4	7
Jamie McNight	1	2	1	1	5	0	0	5
John. C. Smith	1	1	1	1	4	0	0	4
John. S. Paterson	1	0	1	0	2	0	1	3
W. T. Paterson	1	2	1	2	6	0	0	6
Leml. S. Paunders	1	3	1	0	5	0	0	5
Al. A. Monroe	1	0	0	0	1	0	0	1
Danl Lambert	1	2	2	0	5	0	0	5
James Newbury	1	2	1	2	6	0	0	6
Samuel Martin	1	0	0	0	1	0	0	1
William Quilen	2	2	2	0	6	0	0	6
James Quilen	1	0	0	2	3	0	0	3
Thomas Lane	1	2	1	1	5	0	0	5
Zack Winn	1	1	1	1	4	0	0	4
Alex W. Mitchel	1	1	1	5	8	0	51	59
John Cook	1	3	1	3	8	0	1	9
Johnny Lemay	1	0	0	0	1	0	0	1
Wm. Mitchel	1	1	1	1	4	0	8	12
Francis Bullock	1	3	1	3	8	0	5	13
Lenuel Cook	1	1	1	2	5	0	4	9
Robert Mangum	1	1	1	0	3	0	0	3
George Radford	1	1	1	3	6	0	0	6
Andrew Fitzpatrick	1	4	1	2	8	0	0	8

FRANKLIN COUNTY CENSUS 1820

	(1)	(2)	(3)	(4)	(5)	(6)	(7)	(8)
Levi Moore	2	0	1	2	5	0	0	5
Marvel Jones	1	2	0	1	4	0	0	4
David Lemay	2	2	1	3	8	0	1	9
Abner Vinson	1	2	1	3	7	0	0	7
James Anderson	3	2	3	2	10	0	1	11
Sary Baker	0	1	2	0	3	0	0	3
Solemon Smith	1	0	5	0	6	0	0	6
Elnez Bourlan	1	5	1	2	9	0	0	9
Elezebeth Moore	1	1	1	2	5	0	7	12
Strange Coltharp	1	5	1	1	8	0	0	8
Neham Ham	1	0	1	0	2	0	0	2
James Long	1	1	0	0	2	0	5	7
James McDonald	1	1	1	3	6	0	20	26
Wm. A. Moore	2	1	0	1	4	0	6	10
Thomas Lemrick	1	1	0	1	3	0	3	6
Guidian Mills	1	0	1	0	2	0	0	2
Isah Medik	1	3	1	2	7	0	1	8
James Inman	1	0	1	0	2	0	0	2
Elizba Baker	1	1	1	3	6	0	0	6
Hew Finley	1	4	0	5	10	0	0	10
Charles Waren	1	0	0	0	1	0	0	1
Jonathan Thomas	2	0	1	0	3	0	0	3
Henry Davis	1	1	1	6	9	0	0	9
L. Bery Ellis	1	1	1	0	3	0	13	18
Amos Ellis	1	2	1	1	5	0	0	5
James. J. Mayaers	2	1	2	4	9	0	12	21
Edward Persol	1	0	0	1	2	0	13	15
L & A. Geist	2	0	0	0	2	0	9	11

FRANKLIN COUNTY CENSUS 1820

	(1)	(2)	(3)	(4)	(5)	(6)	(7)	(8)
John Covy	1	0	1	0	2	0	0	2
John McKelvy	1	0	0	0	1	0	0	1
Soloman D. Spane	1	3	1	3	8	0	0	8
John S. Beleher	1	0	0	2	3	0	0	3
Marshall D. Spane	1	6	1	0	8	0	6	14
Stephen Weatherford	1	5	1	·3	10	0	0	10
Archabald Daniel	1	2	1	1	5	0	0	5
Solomon. C. Belcher	0	1	0	1	2	0	0	2
George Bankhead	1	3	1	4	9	0	8	17
Perry Lansford	1	3	1	2	7	0	0	7
George Yong	1	3	1	3	8	0	0	8
Henry Dunlap	1	3	1	2	7	0	0	7
Wm. Montgomery	1	3	1	4	9	0	0	9
Joseph East	1	4	1	7	13	0	0	13
John Brown	1	1	0	2	4	0	0	4
Jane Gray	0	2	1	3	6	0	0	6
Richard Wagner	1	1	1	1	4	0	3	7
Elias James	1	3	1	4	9	0	0	9
Joseph Reed	1	1	1	3	6	0	0	6
William Williams	1	0	2	2	5	0	0	5
Edward Colbert	2	4	1	3	10	0	1	11
Robert Parks	1	7	2	2	12	0	0	12
John Ford	1	0	0	0	1	0	0	1
Wm. Brooton	1	0	1	0	2	0	0	2
Lewis Bledsoe	1	0	1	3	5	0	0	5
John Bankhead	1	0	1	0	2	0	7	9
George S. Beel	1	2	1	1	5	0	9	14
Henry Silevant	1	2	2	4	9	0	0	9

FRANKLIN COUNTY CENSUS 1820

	(1)	(2)	(3)	(4)	(5)	(6)	(7)	(8)
Nun Coal	1	5	1	1	8	0	15	23
Henry Gotcher	1	1	1	1	4	0	0	4
Pery Yong	1	5	1	2	9	0	0	9
Mary Yong	0	2	1	2	5	0	0	5
Tarv Harvey	1	1	0	1	3	0	0	3
Thomas McGaha	1	0	1	1	3	0	0	3
Stephen Ellit	1	1	1	0	3	0	0	3
Sary McGaha	0	1	3	4	8	0	0	8
John Brown	1	0	1	3	5	0	0	5
Mary Patterson	0	3	1	5	9	0	0	9
Mary Gotcher	0	3	1	2	6	0	0	6
Benjiman Price	1	1	0	1	3	0	0	3
Zeachariah Davis	1	0	0	0	1	0	0	1
Peter Marten	1	0	0	0	1	0	1	2
John Dougan	1	1	1	0	3	0	0	3
John Drake	1	0	1	1	3	0	3	6
James Sales	1	3	1	4	9	0	1	10
Alen. C. Thompson	1	2	1	1	5	0	7	12
William Wilson	3	3	0	1	7	0	2	9
Charles Neely	9	2	1	2	14	0	2	16
Richard Brown	1	4	1	0	6	0	0	6
Elett Brown	1	0	3	1	5	0	0	5
William Jackson	1	1	0	1	3	0	0	3
Thursey Brotton	0	3	1	4	8	0	0	8
Hew McDonald	1	1	0	1	3	0	0	3
Daniel McDonald	1	2	3	2	8	0	0	8
James Allen	1	2	1	3	7	0	1	8
Peter Haris	1	1	1	3	6	0	6	12

86

FRANKLIN COUNTY CENSUS 1820

	(1)	(2)	(3)	(4)	(5)	(6)	(7)	(8)
Thomas Hetton	1	1	1	2	5	0	0	5
John. C. Grezzard	1	2	1	3	7	0	0	7
John T. Paterson	1	1	1	0	3	0	1	4
Joshua Gotcher	2	2	2	4	10	0	0	10
Mathew Woods	2	3	1	2	8	0	0	8
Eli Silman	1		1	1	3	0	1	4
Francis Buriss	1	2	1	3	7	0	12	19
John Mitchel	1	0	0	2	3	0	0	3
James Carpenter	1	1	1	2	5	0	1	6
Ezekil Inman	1	5	1	1	8	0	0	8
George Hickerson	1	1	0	1	3	0	3	6
Lewis Allen	2	3	1	2	8	0	0	8
Lewis Fetherson	1	1	1	4	7	0	14	21
Ann. S. Levirt	1	1	2	1	5	0	10	15
Isaac Anderson	2	0	0	1	3	0	3	6
James. M. Kirk	1	0	0	0	1	0	2	3
George Dewoodda	1	0	0	0	1	0	0	1
Isaac Tenstey	1	0	0	0	1	0	0	1
Philip Gates	1	1	1	5	8	0	0	8
Barth. Gates	1	1	1	1	4	0	0	4
Wm Gates	1	0	1	1	3	0	0	3
Wm. Trigg	1	2	0	0	3	0	5	8
James Drew	0	2	0	2	0	4	0	4
James Doss	1	0	1	1	3	0	0	3
Thomas Drummon	1	0	0	0	1	0	0	1
Elisha Graddy	1	0	0	3	4	0	0	4
Charles Brooks	1	1	1	1	4	0	0	4
James Linsey	2	1	1	5	9	0	0	9

FRANKLIN COUNTY CENSUS 1820

	(1)	(2)	(3)	(4)	(5)	(6)	(7)	(8)
Patin Cox	3	3	1	1	8	0	35	43
Henry Cox	2	2	1	2	7	0	22	29
Edward Stegar	1	2	1	2	6	0	1	7
William Smith	1	0	0	1	2	0	0	2
Sapson Conell	1	3	1	1	6	0	4	10
Philip Gates	1	0	1	1	3	0	0	3
John Gates	1	2	1	2	6	0	0	6
Robert Bates	1	4	1	2	8	0	0	8
Thomas Greenwood	1	3	1	2	7	4	2	13
Wm. S. Jones	2	0	0	2	4	0	30	34
Edmon Cornilius	2	0	1	0	3	0	4	7
Isaac Butler	1	0	0	0	1	0	1	2
David Allen	1	2	1	0	4	0	1	5
Hiriam Allen	1	0	0	1	2	0	0	2
Jonathan Moore	1	4	1	1	7	0	2	9
Sollomon Milchitt	2	1	1	0	4	0	0	4
Alex Wilke	2	1	1	0	4	0	0	4
Nancy Bean	0	7	1	2	10	0	9	19
Isaac Haris	1	0	1	2	4	0	0	4
Mathew Mcollum	1	1	1	3	6	0	2	8
J. H. & R. D. Hines.	6	5	2	5	18	0	10	28
Wm. S. Gray	1	2	1	1	3	0	1	6
Bengiman. D. Murell	1	0	0	0	1	0	0	1
John Philips	1	1	0	0	2	0	0	2
Isaac Crandle	1	0	0	0	1	0	0	1
John Mcclow	1	0	0	0	1	0	0	1
Warren W. Fortner	1	0	0	0	1	0	0	1
James P .McCollom	1	0	0	0	1	0	0	1

FRANKLIN COUNTY CENSUS 1820

	(1)	(2)	(3)	(4)	(5)	(6)	(7)	(8)
Mary Pane	0	1	1	1	3	0	0	3
John Doss	1	1	1	0	3	0	1	4
Jared Hotchkiss	4	3	1	3	11	0	0	11
James Yong	1	0	1	3	5	0	0	5
Thomas Harris	2	0	1	3	6	0	0	6
David Malone	1	4	1	4	10	0	0	10
Litlebury Mitlock	1	2	1	1	5	0	0	5
John Tharpe	1	1	1	0	3	0	0	3
James Debouys	1	0	1	2	4	0	0	4
Robert Tharpe	1	1	2	1	5	0	0	5
Wm. Wallis	1	1	2	1	5	0	0	5
Wooddy Thompson	2	3	2	2	9	0	0	9
Wm. Sugg	1	3	1	5	10	0	3	13
Henry Herlley	1	0	0	1	2	0	0	2
Edwin Farnard	1	6	1	1	9	0	6	15
Thomas Herlly	1	2	1	2	6	0	0	6
William Skiner	1	2	1	0	4	0	8	12
Enoch McNatt	1	2	1	1	5	0	2	7
Arthur Dillingham	1	5	1	1	8	0	3	11
Thomas. S. Pope	1	1	1	3	6	0	3	9
Joseph Ray	1	0	1	2	4	0	0	4
Andrew B. Ray	1	0	0	1	2	0	0	2
Elizha Lewis	1	2	1	1	5	0	0	5
James Willie	1	0	0	0	1	0	0	1
Wm. P. Roden	1	1	1	1	4	0	0	4
Alex Swafford	1	1	1	1	4	0	0	4
Robert Sibley	1	1	1	5	8	0	1	9
Samuel Wyley	1	2	1	2	6	0	0	6

FRANKLIN COUNTY CENSUS 1820

	(1)	(2)	(3)	(4)	(5)	(6)	(7)	(8)
William Keykendall	1	1	1	3	6	0	0	6
James. P. Newbury	1	0	2	2	5	0	0	5
John. H. Bean	1	7	1	5	14	0	0	14
Jerimiah Bobo	1	2	3	2	8	0	0	8
Alex Newbury	2	1	0	1	4	0	0	4
Joseph Marten	1	0	0	2	3	0	0	3
James Duke	1	5	1	2	9	0	1	10
James C. Blackwell	1	0	0	0	1	0	0	1
Jacob Autery	1	6	1	2	10	1	0	11
Albert Taylor	0	1	0	0	1	0	0	1
Richard Marten	1	6	1	1	9	0	1	10
Joel Coward	1	0	1	2	4	0	0	4
James Hardwick	2	1	1	4	8	0	0	8
Wm. Arnold	1	5	1	2	9	0	1	10
Alex Gotcher	1	2	1	2	6	0	0	6
John Weathers	1	0	1	0	2	0	0	2
Wm Welch	2	2	1	0	5	0	0	5
Jessee Wafford	1	5	1	0	7	0	3	10
William More	2	2	1	2	7	0	0	7
William Pyrian	1	2	1	3	7	0	0	7
George Taylor	1	2	2	1	6	0	0	6
Jacob G. Taylor	1	1	1	2	5	0	0	5
Hughs Robertson	1	3	1	1	6	0	0	6
Jesee Ward	1	2	2	3	8	0	0	8
Robert Box	1	3	1	3	8	0	0	8
John Bean	1	2	1	2	6	0	0	6
James Davis	2	0	1	2	5	0	9	14
William Russel	1	0	0	0	1	0	0	1

FRANKLIN COUNTY CENSUS 1820

	(1)	(2)	(3)	(4)	(5)	(6)	(7)	(8)
James Wyly	1	4	1	4	10	0	3	13
Andrew Ray	1	2	1	2	6	0	0	6
Malcolm McColum	1	3	1	1	6	0	0	6
John Ray	1	3	1	3	8	0	0	8
Washington Brown	1	0	0	1	2	0	0	2
James Robertson	1	4	1	1	7	0	1	8
Charles N. Burgess	1	0	1	1	3	0	1	4
Reuben E. Burgess	1	0	1	1	3	0	2	5
Wm. Duke	1	0	1	0	2	0	6	8
Wm. H. Duke	1	0	0	1	2	0	0	2
John Duke	1	1	1	3	6	0	1	7
Willie Duke	1	1	0	1	3	0	0	3
Charles Duke	1	2	1	2	6	0	2	8
William Wright	1	0	0	2	3	0	0	3
John Townson	1	0	1	1	3	0	0	3
	608	889	453	867	2,718	5	1,436	4,051

A LIST OF THE CENSUS AND STATISTICS OF LIMESTONE COUNTY, 1819 AND 1820.

Names of the heads of families.

(1)—White Males Over 21.
(2)—White Males Under 21.
(3)—White Females Over 21.
(4)—White Females Under 21.
(5)—Total of Whites.
(6)—People Of Color.
(7)—Total OF Slaves.
(8)—No. Of Acres Cul.
(9)—No. Of Hands.
(10)—No. Bales Cotton.
(11)—Average Weights.
(12)—Gins.
(13)—Saws.
(14)—Mills.
Remarks, Last Page.

	(1)	(2)	(3)	(4)	(5)	(6)	(7)	(8)	(9)	(10)	(11)	(12)	(13)	(14)
Brown, Wm. (Son of Jas)	2	2	1	3	8	0	12	5	7	18	350	1	51	0
Norwood, Joseph	2	1	1	4	8	0	5	40	4	5	360	0	0	0

A LIST OF THE CENSUS AND STATISTICS OF LIMESTONE COUNTY, 1819 AND 1820.

	(1)	(2)	(3)	(4)	(5)	(6)	(7)	(8)	(9)	(10)	(11)	(12)	(13)	(14)
Morton Quinn	3	3	1	5	12	0	12	35	3	0	0	0	0	0
John True	1	2	1	3	7	0	0	0	0	0	0	0	0	0
Hughes Beverly	0	0	0	0	0	0	12	125	13	29	340	0	0	0
Joseph Peoples	2	2	1	0	5	0	32	200	11	45	280	1	52	0
Christopher Hutchins	1	0	1	1	3	0	7	60	5	8	350	0	0	0
Nicholas Davis	2	4	1	2	9	0	21	125	13	32	325	1	52	0
John & Rich Moore	3	1	3	6	13	0	17	60	8	16	320	1	52	0
Solomon Marshall	3	3	1	1	8	0	18	90	7	12	300	0	0	1
Phillip Sanders	1	2	1	2	6	0	0	8	1	1	260	0	0	0
Joseph H. Ball	3	7	1	3	14	0	0	10	1	0	0	0	0	0
James Holland	0	2	2	2	6	0	0	0	0	0	0	0	0	0
Woodrow C. Montgomery	1	0	0	0	1	0	0	0	0	0	0	0	0	0
Arch Trimble	2	3	1	1	7	0	7	73	8	20	300	0	0	0
John Nicholson	1	2	1	2	6	0	6	24	2	5	300	0	0	0
Hardy Robinson	1	1	1	0	3	0	8	0	0	0	0	0	0	0

John Tate	1	1	1	3	6	0	16	70	7	22	340	0	0	0
Andrew Foster	1	7	1	2	11	0	7	45	4	17	330	0	0	'
George Adams	1	0	1	0	2	0	2	12	2	4	300	0	0	0
John Pitts	1	3	1	3	8	0	14	70	6	55	330	1	59	0
Wm. Word	2	5	2	2	11	0	3	40	4	2	350	0	0	0
James Crawford	1	0	1	0	2	0	4	10	1	0	0	0	0	0
Russell Crawford	1	0	1	0	2	0	0	0	0	0	0	0	0	0
Flemming Bates	1	1	1	6	9	0	18	45	6	11	330	0	0	0
Benj. Fox	2	1	1	2	6	0	24	124	16	51	475	1	62	0
David Parker	1	3	1	6	10	0	0	0	0	0	0	0	0	0
Caleb Turner	1	1	1	0	3	0	0	0	0	0	0	0	0	0
James Webb	1	0	0	0	1	0	6	20	3	3	485	0	0	0
Wm. Williams	1	2	1	0	4	0	0	0	0	0	0	0	0	0
Wm. McCall	1	4	2	0	7	0	0	0	0	0	0	0	0	0
Wm. Smith	1	1	1	5	8	0	0	0	0	0	0	0	0	0
Benj. Dickerson	5	3	1	6	15	20	150	11	60	300	2	114	0	0
Satchell Jourden	1	0	0	0	1	0	0	0	0	0	0	0	0	0
John F. Walker	1	4	1	2	8	4	0	0	0	0	0	0	0	0
Cullen Mitchell	1		1	0	2	22	0	0	0	0	0	0	0	0

A LIST OF THE CENSUS AND STATISTICS OF LIMESTONE COUNTY, 1819 AND 1820.

	(1)	(2)	(3)	(4)	(5)	(6)	(7)	(8)	(9)	(10)	(11)	(12)	(13)	(14)
Jacob Fisher	2	3	1		6	13	26	3	7	350	0	0	0	0
Henry Peoples	1	6	1		8	6	30	3	5	350	0	0	0	0
N. P. Bond	1	4	1	1	7	1	45	4	12	310	0	0	0	0
Zephaneah Poston	1	1	1	1	4	19	35	5	0	0	0	0	0	0
Wm. T. Minor	1	0	0	0	1	0	0	0	0	0	0	0	0	0
John W. Withers	1	0	0	0	1	1	0	0	0	0	0	0	0	0
Heacock, Ja. D.	1	0	0	0	0	0	0	0	0	0	0	0	0	0
Wm. Anderson	1	0	0	0	1	0	0	0	0	0	0	0	0	0
John Murphy	2	0	1	0	3	1	0	0	0	0	0	0	0	0
Benj. Davis	1	1	1	1	4	0	10	1	2	350	0	0	0	0
John Silvers	1	4	1	3	9	7	55	3	14	350	0	0	0	0
Thomas Green	1	3	1	4	9	0	0	0	0	0	0	0	0	-
Levi Edmundson	1	0	0	0	1	0	0	0	0	0	0	0	0	0
Robert Milligan	1	1	1	2	5	0	0	0	0	0	0	0	0	0
Gabriel Colley	1	1	0	0	2	4	0	0	0	0	0	0	0	0

Archillis Moore	1	2	1	1	5	0	0	0	0	0	0	0	0	0	0
Abner Tatum	1	0	0	0	1	0	0	0	0	0	0	0	0	0	0
James B. Walker	1	0	1	1	3	0	0	0	0	0	0	0	0	0	0
WM. Trice	1	5	2	3	11	4	35	5	11	400	0	0	0	0	0
John Bibb	1	1	1	3	6	0	0	0	0	0	0	0	0	0	0
Gideon Gooch	1	1	1	0	3	1	0	0	0	0	0	0	0	0	0
John McWilliams	1	3	1	1	6	0	0	0	0	0	0	0	0	0	0
Joseph L. Sloss	1	1	1	2	5	0	0	0	0	0	0	0	0	0	0
Thomas Grant	1	0	1	0	2	0	0	0	0	0	0	0	0	0	0
Hugh McWilliams	1	2	1	0	4	0	0	0	0	0	0	0	0	0	0
Wm. Cole	1	4	1	1	7	0	0	0	0	0	0	0	0	0	0
Edward Rogers	1	3	1	1	6	0	0	0	0	0	0	0	0	0	1
Joseph R. Enzor	1	2	1	1	5	1	0	0	0	0	0	0	0	0	0
John Miles	1	0	0	2	3	0	0	0	0	0	0	0	0	1	0
William Brown	1	0	0	0	1	0	0	0	0	0	0	0	0	0	0
John Bayne	1	1	2	5	9	0	0	0	0	0	0	0	0	0	1
Vincent Simmons	1	0	1	0	2	0	0	0	0	0	0	0	0	0	0
George Worley	1	2	1	2	6	0	0	0	0	0	0	0	0	0	0
James Hollinsworth	1	5	1	3	10	0	0	0	0	0	0	0	0	0	0

A LIST OF THE CENSUS AND STATISTICS OF LIMESTONE COUNTY, 1819 AND 1820.

	(1)	(2)	(3)	(4)	(5)	(6)	(7)	(8)	(9)	(10)	(11)	(12)	(13)	(14)
Edward Massey	2	2	1	5	10	0	7	60	4	14	400	0	0	0
Wm. Fryor	1	3	1	2	7	0	0	8	1	3	330	0	0	0
Abraham McGee	1	2	2	2	7	0	8	30	3	0	0	0	0	0
Rice Tate	1	1	0	3	5	0	27	120	15	50	375	1	61	0
Peter Shelton	1	0	0	0	1	0	0	0	0	0	0	0	0	0
Joel Carter	1	4	2	2	9	0	0	0	0	0	0	0	0	0
Joel Furguson	1	1	1	3	6	0	0	0	0	0	0	0	0	0
Thomas Bibb	1	4	1	3	9	0	110	290	65	164	350	1	50	0
Thomas Harris	1	2	1	3	7	0	9	0	0	0	0	0	0	0
John D. White	1	0	0	0	1	0	1	0	0	0	0	0	0	0
Ebenezer Lester	1	3	1	2	7	0	0	4	1	2	350	0	0	0
Stephen Stallom	1	3	1	0	5	0	0	0	0	0	0	0	0	0
John Mowery	1	2	1	4	8	0	0	7	1	5	300	0	0	0
Bailey Fisher	1	2	1	3	7	0	0	0	0	0	0	0	0	0
Wm. Connor	1	4	1	2	8	0	1	0	0	0	0	0	0	0

John Taylor	0	0	0	0	0	1	0	0	0	0	0	0	0	0	0	0
Joseph Falkner	1	4	1	4	10	0	0	0	0	0	0	0	0	0	0	0
Thomas Cummings	1	3	1	3	8	0	0	8	1	3	350	0	0	0	0	0
Wm. Rutledge	1	3	3	3	10	0	0	0	0	0	0	0	0	0	0	0
Enos Tate	1	4	1	1	7	0	7	20	4	17	425	0	0	0	0	0
Thomas Cole	1	0	1	0	2	0	5	0	0	0	0	0	0	0	0	0
Wm. Hodges	1	3	1	3	6	0	4	2	2	5	300	0	0	0	0	0
Joseph Rutledge	1	2	1	2	6	0	0	0	0	0	0	0	0	0	0	0
Amos Vincents	2	0	0	0	2	0	0	0	0	0	0	0	0	0	0	0
Scott Bayne	1	0	0	0	1	0	0	0	0	0	0	0	0	0	0	0
James Gordon	1	2	1	2	6	0	6	0	0	0	0	0	0	0	0	0
Benj. Hubbard	1	1	2	3	7	0	8	6	1	3	350	0	0	0	0	0
Edward Calverts	1	2	1	1	5	0	0	11	3	5	330	0	0	0	0	0
David Shaw	1	1	1	1	4	0	0	0	0	0	0	0	0	0	0	0
Sam McAlister	1	1	1	1	4	0	0	0	0	0	0	0	0	0	0	0
Hugh McClung	1	5	1	5	8	0	0	0	0	0	0	0	0	0	0	0
Wm. Sturges Sr.	1	0	1	0	4	2	0	0	0	0	0	0	0	0	0	0
Howard Smith	1	1	1	1	4	0	6	1	5	350	0	0	0	0	0	0
Robert Beatty	1	1	2	1	7	11	4	0	2	300	0	0	0	0	0	0

A LIST OF THE CENSUS AND STATISTICS OF LIMESTONE COUNTY, 1819 AND 1820.

	(1)	(2)	(3)	(4)	(5)	(6)	(7)	(8)	(9)	(10)	(11)	(12)	(13)	(14)
Thomas Adams	1	0	0	0	1	0	0	0	0	0	0	0	0	0
Peter Scallorn	1	3	1	5	10	0	0	0	0	0	0	0	0	0
Joseph Neal	1	0	0	0	1	0	0	0	0	0	0	0	0	0
Wm. Scallorn	1	0	1	1	3	0	0	0	0	0	0	0	0	0
Moses Karnes	1	3	1	1	6	0	0	0	0	0	0	0	0	0
Jarrard Dutton	1	0	1	0	2	0	0	0	0	0	0	0	0	0
Robert C. Brown	1	2	1	3	7	2	0	0	0	0	0	0	0	0
Wm. K. Adams	1	0	0	1	2	0	0	0	0	0	0	0	0	0
Edward Harper	1	3	1	4	9	1	4	1	2	300	0	0	0	0
John Nelson	2	3	1	0	6	8	0	0	0	0	0	0	0	0
John Scallorn	1	3	1	0	5	0	0	0	0	0	0	0	0	0
Johnson Richardson	2	1	1	6	10	0	0	0	0	0	0	0	0	0
James Arnett	1	1	1	5	8	2	10	2	6	350	0	0	0	0
Bartlett Smith	1	0	0	0	1	0	0	0	0	0	0	0	0	0
George W. Little	1	4	1	5	11	2	12	2	4	350	0	0	0	0

Joseph Neal	1	0	1	1	3	0	0	0	0	0	0	0	0	0
James H. Gamble	1	0	1	0	2	7	0	0	0	0	0	0	0	0
George Dillard	1	0	1	0	2	17	30	10	13	300	0	0	0	0
Wm. Hamock	1	4	1	3	9	4	0	0	0	0	0	0	0	0
Joseph Morton	1	0	1	1	3	0	0	0	0	0	0	0	0	0
Joseph Johnson	1	3	1	3	8	8	5	0	3	300	0	0	0	0
Thomas Malone	1	4	1	2	8	17	50	10	20	350	0	0	0	0
John S. Doxey	1	0	1	0	2	9	0	0	0	0	0	0	0	0
Ro. V. Maxye	3	1	0	0	4	16	70	10	36	325	0	0	0	0
Lewallen Jones	2	0	1	1	4	27	50	15	35	300	0	0	0	0
Newel W. Crane	2	2	1	0	5	3	0	0	0	0	0	0	0	0
Robert Rogers	2	3	2	3	10	0	0	0	0	0	0	0	0	0
John Carnahan	1	5	1	1	8	0	0	0	0	0	0	0	0	0
Samuel Sloan	1	1	2	1	5	3	3	1	1	350	0	0	0	0
John Stennett	1	0	1	1	3	0	0	0	0	0	0	0	0	0
Andrew Craig	1	0	1	1	3	0	0	0	0	0	0	0	0	0
James Gillum	1	2	1	3	7	1	3	1	2	350	0	0	0	0
Samuel Dugan	1	3	1	1	6	0	6	1	3	350	0	0	0	0
John Shoemaker	1	1	1	2	5	0	0	0	0	0	0	0	0	0

A LIST OF THE CENSUS AND STATISTICS OF LIMESTONE COUNTY, 1819 AND 1820.

	(1)	(2)	(3)	(4)	(5)	(6)	(7)	(8)	(9)	(10)	(11)	(12)	(13)	(14)
James Craig	1	0	1	1	3	6	0	0	0	0	0	0	0	0
Jonas Miller	1	0	1	2	4	0	0	0	0	0	0	0	0	0
Joseph Harrison	1	5	1	1	8	0	10	2	94	275	1	45	0	0
Gabriel L. Miller	1	1	1	0	3	0	0	0	0	0	0	0	0	0
Ephraim Dickey	1	2	1	2	6	0	0	0	0	0	0	0	0	0
Aaron Wallace	1	1	1	1	4	0	0	0	0	0	0	0	0	0
George McKinney	1	1	1	0	3	0	0	0	0	0	0	0	0	0
John Wood	1	2	1	2	6	0	3	1	2	300	0	0	0	0
Samuel Green	2	2	1	2	7	0	4	1	2	300	0	0	0	0
David H. Craig	1	2	1	2	6	0	2	1	1½	300	0	0	0	0
Benj. Bowen Jr.	5	0	2	2	9	0	0	0	0	0	0	0	1	1
Wesley Mauldin	1	0	1	0	2	1	0	0	0	0	0	0	0	0
Jesse Roberts	1	2	1	4	8	1	0	0	0	0	0	0	0	0
Isaac Hecks	1	1	1	0	3	0	0	0	0	0	0	0	0	0
Anderson Johnson	1	4	1	1	7	26	45	10	15	260	0	0	0	0

John Seaton	1	0	1	1	3	0	0	0	0	0	0	0	0	0
Tinsley Davis	2	2	1	2	7	7	32	6	12	320	0	0	0	0
Epa Harraway	1	3	1	2	7	3	2	2	2	300	0	0	0	0
Hezh. Childress	1	0	1	0	2	0	0	0	0	0	0	0	0	0
John Childress	1	1	1	2	5	0	0	0	0	0	0	0	0	0
John Childress	1	2	1	3	7	0	0	0	0	0	0	0	0	0
Fanny Seaton	0	3	1	0	4	0	0	0	0	0	0	0	0	0
Thomas Nesbit	1	2	1	4	8	6	5	2	3	300	0	0	0	0
Charles Teas	1	3	1	3	8	0	0	0	0	0	0	0	0	0
Henry J. Hundley	2	2	2	1	7	0	0	0	0	0	0	0	0	0
Jordan Y. Hundley	2	1	1	2	6	1	0	0	0	0	0	0	0	0
James Hodges	2	2	2	0	6	0	0	0	0	0	0	0	0	0
Lewis Markham	1	2	0	3	6	0	0	0	0	0	0	0	0	0
William Carrell	1	1	1	1	4	0	0	0	0	0	0	0	0	0
Mark Mayberry	1	2	1	2	6	0	0	0	0	0	0	0	0	0
Erasmus Hardin	1	2	1	1	5	0	0	0	0	0	0	0	0	0
Adam Tyrond	1	0	1	1	3	0	0	0	0	0	0	0	0	0
Cread Taylor	1	1	1	1	4	0	0	0	0	0	0	0	0	0
Joel Eddins	1	5	1	3	10	8	12	5	5	300	0	0	0	0

A LIST OF THE CENSUS AND STATISTICS OF LIMESTONE COUNTY, 1819 AND 1820.

	(1)	(2)	(3)	(4)	(5)	(6)	(7)	(8)	(9)	(10)	(11)	(12)	(13)	(14)
Seborn Miller	1	1	1	0	3	1	3	1	1	300	0	0	0	0
John Millhouse	1	1	2	3	7	13	0	0	0	0	0	0	0	0
Rachel Tillery	0	3	1	2	6	0	0	0	0	0	0	0	0	0
Isaac Vernon	1	1	1	1	4	1	0	0	0	0	0	0	0	0
Wm. Hargrove	1	6	1	2	10	0	0	0	0	0	0	0	0	0
Wm. Markham	1	1	1	1	4	1	0	0	0	0	0	0	0	0
Benj. Hargrove	1	0	1	1	3	0	0	0	0	0	0	0	0	0
Peter Taylor	1	4	1	5	11	0	0	0	0	0	0	0	0	0
Alex Seale	1	4	1	3	9	4	0	0	0	0	0	0	0	0
Willis Brewer	1	0	1	0	2	0	0	0	0	0	0	0	0	0
James Mitchell	1	3	1	3	8	1	0	0	0	0	0	0	0	0
Danuel Cogbourn	2	3	1	2	8	0	0	0	0	0	0	0	0	0
James Grant	1	3	1	2	7	0	0	0	0	0	0	0	0	0
Samuel Harlan	1	4	1	1	7	0	0	0	0	0	0	0	0	0
Thomas Adams	2	0	1	7	10	4	10	2	4	350	0	0	0	0

James Dawson	1	1	1	3	6	0	4	1	1	350	0	0	0	0
Hargrove	0	0	1	2	3	9	6	2	5	300	0	0	0	0
Aron Boyd	1	8	1	1	11	0	0	0	0	0	0	0	0	0
Reuben Tillman	1	0	0	0	1	7	0	0	0	0	0	0	0	0
John Denty	1	4	1	1	7	0	0	0	0	0	0	0	0	0
Wm. Bowlin	1	2	1	1	5	1	0	0	0	0	0	0	0	0
Edward A. Moseley	2	1	2	3	8	15	0	0	0	0	0	0	0	0
Ellison Hodges	1	1	1	2	5	0	0	0	0	0	0	0	0	0
Floode Mitchell	3	1	2	1	7	0	7	2	5	300	0	0	0	0
Joseph Dawson	1	5	1	2	9	0	0	0	0	0	0	0	0	0
Amos Vernon	1	2	1	3	7	0	0	0	0	0	0	0	0	0
Joseph McMurtrey	1	0	1	1	3	0	0	0	0	0	0	0	0	0
William Pilants	3	3	1	1	8	1	0	0	0	0	0	0	0	0
John Payne	2	4	1	2	9	0	0	0	0	0	0	0	0	0
Holland Thomas	1	3	1	2	7	0	0	0	0	0	0	0	0	0
Samuel Wells	1	2	1	1	5	0	0	0	0	0	0	0	0	0
John Greeson	1	2	1	2	6	0	0	0	0	0	0	0	0	0
William Simms	1	0	0	0	1	0	0	0	0	0	0	0	0	0
Charles Land	1	5	1	1	8	14	20	3	8	350	0	0	0	0

A LIST OF THE CENSUS AND STATISTICS OF LIMESTONE COUNTY, 1819 AND 1820.

	(1)	(2)	(3)	(4)	(5)	(6)	(7)	(8)	(9)	(10)	(11)	(12)	(13)	(14)
Edmund Sugg	1	1	1	0	3	0	0	0	0	0	0	0	0	0
Sevilly Absolom	1	2	1	2	6	0	2½	1	1½	300	0	0	0	0
Daniel Tate	1	0	0	0	1	4	0	0	0	0	0	0	0	0
Thomas Cribbs	1	0	0	0	1	0	0	0	0	0	0	0	0	0
George Tedford	1	3	1	3	8	0	0	0	0	0	0	0	0	0
Wm. Kennelly	1	4	1	2	8	0	0	0	0	0	0	0	0	0
Cribbs Gilbert	1	3	1	0	5	0	0	0	0	0	0	0	0	0
Felix Wood	2	2	1	0	5	0	0	0	0	0	0	0	0	0
Wilson Davis	1	1	1	1	4	0	6	2	2	350	0	0	0	0
Margaret Crow	0	4	1	2	7	0	0	0	0	0	0	0	0	0
David Miller	1	0	1	2	4	0	6	2	3	350	0	0	0	0
John Darwin	1	0	0	0	1	0	0	0	0	0	0	0	0	0
Samuel Templeton	1	3	1	1	6	0	0	0	0	0	0	0	0	0
Ann Simmons	0	3	1	4	8	0	10	2	5	350	0	0	0	0
John Spears	1	3	1	2	7	0	0	0	0	0	0	0	0	0

Samuel Neal	1	1	1	2	5	0	0	0	0	0	0	0	0	0
Geraldine Batts	1	1	1	3	6	0	6	1	2½	300	0	0	0	0
Richmond Speaks	1	0	1	5	7	1	4	1	1	400	0	0	0	0
Thomas Scales	1	3	0	2	6	0	0	0	0	0	0	0	0	0
Alex McKinney	1	0	0	0	1	0	0	0	0	0	0	0	0	0
Alfred Speaks	1	0	0	0	1	0	0	0	0	0	0	0	0	0
Joseph Batts	1	0	1	1	3	0	0	0	0	0	0	0	0	0
Anthony Neal	1	0	1	0	2	0	0	0	0	0	0	0	0	0
Garie or Gorrie Hooks	1	3	1	5	10	1	10	3	5	350	0	0	0	0
Patrick Inglish	2	2	1	5	10	1	12	2	7	325	0	0	0	0
Mark Renfrow	1	4	1	2	8	0	4	2	3	350	0	0	0	0
Gilbert Taylor	2	0	1	1	4	19	0	0	0	0	0	0	0	0
Wm. Clark	1	1	1	2	5	15	35	10	11	350	0	0	0	0
Wm. L. Jones	1	0	1	1	3	1	0	0	0	0	0	0	0	0
James Inglish	1	5	1	2	9	2	11	2	5	350	0	0	0	0
Elijah Willis	1	0	0	1	2	0	0	0	0	0	0	0	0	0
Michael Mahan	1	2	1	4	8	0	0	0	0	0	0	0	0	0
Wyatt Ray	1	0	0	0	1	0	0	0	0	0	0	0	0	0
Starke Washington	2	3	1	2	8	12	22	4	11	350	0	0	0	0

A LIST OF THE CENSUS AND STATISTICS OF LIMESTONE COUNTY, 1819 AND 1820.

	(1)	(2)	(3)	(4)	(5)	(6)	(7)	(8)	(9)	(10)	(11)	(12)	(13)	(14)
Wm. Black, Jun.	1	1	1	2	5	0	3	1	2	350	0	0	0	0
Wm. Malone	1	1	1	2	5	0	0	0	0	0	0	0	0	0
John H. Harris	1	2	1	4	8	17	26	5	15	300	0	0	0	0
Robert Moore	1	0	0	0	1	0	0	0	0	0	0	0	0	0
David McCluskey	1	3	1	0	5	0	0	0	0	0	0	0	0	0
Keyes Washington	2	0	0	0	2	0	0	0	0	0	0	0	0	0
John H. Jones	1	2	2	0	5	0	0	0	0	0	0	0	0	0
Frederick B. Nelson	1	4	1	0	6	3	0	0	0	0	0	0	0	0
Barney Devan	1	6	1	2	10	12	25	7	13	350	0	0	0	0
Hambleton Kyle	1	4	1	5	11	0	0	0	0	0	0	0	0	0
Joel Hill	3	3	3	3	12	7	20	5	8	300	0	0	0	0
Wm. B. Higgins	3	4	1	3	11	0	0	0	0	0	0	0	0	0
James Harrison	1	1	1	2	5	0	0	0	0	0	0	0	0	0
Rickets Copeland	1	3	2	5	11	0	12	3	8	350	0	0	0	0
William Nelson	2	5	1	2	10	0	10	2	3	350	0	0	0	0

Jonathan Blair	1	3	1	6	11	1	23	5	16	250	0	0	0	0
Silas Hine	2	3	3	3	11	16	50	12	21	350	0	0	0	0
Wm. Malone	1	3	1	5	10	9	20	5	4	350	0	0	0	0
Christian Lookingbell	3	6	2	3	14	0	15	3	8	300	0	0	0	0
Jesse Coe	1	0	2	2	5	43	40	15	15	300	0	0	0	0
Samuel Phillips	1	2	1	4	8	0	0	0	0	0	0	0	0	0
Isaac Barret	1	1	1	0	3	0	0	0	0	0	0	0	0	0
Isaac Norman	1	0	0	0	1	0	0	0	0	0	0	0	0	0
Jesse Coulter	1	0	0	0	1	0	0	0	0	0	0	0	0	0
Thomas Land	1	1	1	0	3	13	0	0	0	0	0	0	0	0
Freeman Petty	1	3	1	0	5	8	0	0	0	0	0	0	0	0
Joseph Lambert	1	5	1	0	7	0	0	0	0	0	0	0	0	0
John Lucas	2	1	1	1	5	0	0	0	0	0	0	0	0	0
Bullman Thomas	2	2	1	4	9	0	0	0	0	0	0	0	0	0
John Morgan	1	2	1	2	6	0	0	0	0	0	0	0	0	0
Abner Askew	1	0	0	0	1	6	0	0	0	0	0	0	0	0
Wm. Whittaker	1	2	1	4	8	0	9	25	4	12	350	0	0	0
Jesse Birdet	1	4	1	2	8	3	0	0	0	0	0	0	0	0
Mesher Hale	1	2	1	1	5	0	0	0	0	0	0	0	0	0

A LIST OF THE CENSUS AND STATISTICS OF LIMESTONE COUNTY, 1819 AND 1820.

	(1)	(2)	(3)	(4)	(5)	(6)	(7)	(8)	(9)	(10)	(11)	(12)	(13)	(14)
John Reed	1	2	1	2	6	0	0	0	0	0	0	0	0	0
Samuel C. Crawford	1	0	1	0	2	0	0	0	0	0	0	0	0	0
WM/ Renick	1	5	1	2	9	8	0	0	0	0	0	0	0	0
Rich. Smith	1	0	0	0	1	0	0	0	0	0	0	0	0	0
Michael Reed	1	5	1	2	9	3	0	0	0	0	0	0	0	0
Jourden Howell	1	4	1	3	9	1	10	2	6	300	0	0	0	0
Greenedge Crowder	1	1	1	1	4	0	0	0	0	0	0	0	0	0
Thos. West	2	1	0	0	3	3	0	0	0	0	0	0	0	0
James A. Pruit	1	0	1	1	3	0	0	3	1	2	300	0	0	0
John Booth	1	1	0	0	2	0	2	0	0	0	0	0	0	0
Joseph McCluskey	1	1	1	1	4	0	1	0	0	0	0	0	0	0
Daniel Willis	1	2	1	0	4	0	0	0	0	0	0	0	0	0
Wm. McCluskey	1	2	1	2	6	0	0	0	0	0	0	0	0	0
Jas. Golightly	1	1	1	1	4	0	8	16	4	5	250	0	0	0
Wm. Bell	1	5	1	0	7	0	2	0	0	0	0	0	0	0

David Still	1	3	1	3	10	0	8	1	1	250	0	0	0
Wm. Murphy	1	3	1	3	8	0	4	1	2	250	0	0	0
John R. Murphy	0	1	1	0	2	0	0	0	0	0	0	0	0
Hugh Golightly	1	0	0	0	1	2	0	0	0	0	0	0	0
Mary Golightly	0	0	1	0	1	9	0	0	0	0	0	0	0
John B. Elliott	1	1	1	1	4	3	0	0	0	0	0	0	0
John Morris	1	0	0	0	1	0	0	0	0	0	0	0	0
Robert Simpson	2	2	1	2	7	0	0	0	0	0	0	0	0
Thomas H. May	1	0	1	0	2	6	0	0	0	0	0	0	0
James Roberts	2	1	2	2	7	9	0	0	0	0	0	0	0
Wm. R. Collins	1	3	1	1	6	0	0	0	0	0	0	0	0
John Dunlap	1	0	2	0	3	3	0	0	0	0	0	0	0
Eli Collins	1	0	1	0	2	0	0	0	0	0	0	0	0
David M. Crofford	1	1	1	3	6	1	6	1	2	350	0	0	0
Thomas Tylers	1	2	1	2	6	0	0	0	0	0	0	0	0
Wm. Holt	1	2	1	0	4	0	0	0	0	0	0	0	0
Clayton Seal	1	3	1	3	8	0	0	0	0	0	0	0	0
John Smith	2	3	1	1	6	0	0	0	0	0	0	0	0
Alex, Black	1	1	1	1	4	0	0	0	0	0	0	0	0

A LIST OF THE CENSUS AND STATISTICS OF LIMESTONE COUNTY, 1819 AND 1820.

	(1)	(2)	(3)	(4)	(5)	(6)	(7)	(8)	(9)	(10)	(11)	(12)	(13)	(14)
Wm. McDade	1	0	1	0	2	0	0	0	0	0	0	0	0	0
John Black	1	2	1	0	4	0	0	0	0	0	0	0	0	0
Wm. Adams	1	1	1	6	9	0	0	0	0	0	0	0	0	0
Stegall Kelly	1	1	1	1	4	0	0	0	0	0	0	0	0	0
Wm. Davis	1	2	1	3	7	0	1	2	1	1	300	0	0	0
Burrell Holt	2	3	1	2	8	0	0	0	0	0	0	0	0	0
David Hoke	1	0	1	1	3	0	0	0	0	0	0	0	0	0
Joseph Hoke	1	2	1	1	5	0	0	0	0	0	0	0	0	0
Joseph Hunt	3	0	1	0	4	0	0	0	0	0	0	0	0	0
Jesse Mitchell	2	1	1	0	4	0	0	0	0	0	0	0	0	0
Thos. Williamson	1	1	1	3	6	0	4	0	0	0	0	0	0	0
Jonathan D. Loony	1	0	1	0	2	0	1	0	0	0	0	0	0	0
Andrew Jones	1	0	1	0	2	0	0	0	0	0	0	0	0	0
Arthur T. Hopkins	1	1	1	0	3	0	0	0	0	0	0	0	0	0
James McClung	1	2	1	0	4	0	1	0	0	0	0	0	0	0

James McGomery	1	5	1	1	8	0	3	0	0	0	0	0	0
Ranson Langham	1	4	1	1	7	0	0	0	0	0	0	0	0
Elisha Lambert	1	0	1	2	4	0	0	0	0	0	0	0	0
Thomas Flanigan	1	0	1	1	3	0	0	0	0	0	0	0	0
John Flanigan	1	5	1	3	10	0	0	0	0	0	0	0	0
Youngset Dande	1	2	1	1	5	0	0	0	0	0	0	0	0
Levi Roden	1	2	1	9	13	0	0	0	0	0	0	0	0
Mauldin John (Lieut.	5	6	4	6	23	0	0	0	0	0	0	0	0
Wm. Patterson	1	3	1	0	5	0	0	0	0	0	0	0	0
John Peterson	1	1	1	1	4	0	0	0	0	0	0	0	0
Eli Thornton	1	2	1	1	5	0	4	0	0	0	0	0	0
John Wells	1	0	1	0	2	0	0	0	0	0	0	0	0
Wm. McCrackin	1	0	0	0	1	0	0	0	0	0	0	0	0
Peter Tracy	1	0	0	0	1	0	0	0	0	0	0	0	0
James Crowder	1	1	1	1	4	0	0	0	0	0	0	0	0
Shenpock, Wm.	1	0	0	0	0	0	0	0	0	0	0	0	0
Wm. C. Collins	1	0	1	1	3	0	0	0	0	0	0	0	0
James B/ Marshall	1	3	1	0	5	0	0	0	0	0	0	0	0
Bynum Whitfield	1	0	0	0	1	0	0	0	0	0	0	0	0

A LIST OF THE CENSUS AND STATISTICS OF LIMESTONE COUNTY, 1819 AND 1820.

	(1)	(2)	(3)	(4)	(5)	(6)	(7)	(8)	(9)	(10)	(11)	(12)	(13)	(14)
James Smith	2	2	0	0	4	0	0	0	0	0	0	0	0	0
John T. Smith	1	0	0	0	1	0	0	0	0	0	0	0	0	0
Chapley R. Welborn	1	0	0	1	2	0	13	0	0	0	0	0	0	0
William D. Finch	1	0	0	0	1	0	0	0	0	0	0	0	0	0
Samuel Burnsed	1	0	1	1	3	0	0	0	0	0	0	0	0	0
Eli Collins	2	6	1	1	10	2	0	0	0	0	0	0	0	0
Jones Lewallen, Desc.	0	0	0	0	0	0	3	0	0	0	0	0	0	0
James McDonnold	1	0	1	0	2	0	3	0	0	0	0	0	0	0
John Shenpock	1	0	1	3	5	0	0	0	0	0	0	0	0	0
John W. Gray	1	4	1	2	8	0	2	13	2	5	300	0	0	0
John D/ Carrell	1	1	1	1	4	0	12	0	0	0	0	0	0	0
John McMilliams	1	0	1	1	3	0	1	0	0	0	0	0	0	0
Lenoir Douglass, Jun.	2	1	1	2	6	0	0	0	0	0	0	0	0	0
Thos. Obanion	1	3	1	7	12	0	3	12	3	3	300	0	0	0
James Ming	2	4	2	1	8	0	6	0	0	0	0	0	0	0

John Young	1	3	1	1	6	0	6	0	0	0	0	0	0	0
Abner Roberson	1	1	1	0	3	0	2	0	0	0	0	0	0	0
Jacob Tyrone	1	2	1	1	5	0	0	0	0	0	0	0	0	0
Robert Grissum	1	3	1	3	8	0	0	0	0	0	0	0	0	0
George Tucker	1	0	1	0	2	0	2	0	0	0	0	0	0	0
Michael Robertson	1	2	1	4	8	0	0	0	0	0	0	0	0	0
Jeremiah Tucker	1	3	1	3	8	0	0	0	0	0	0	0	0	0
Samuel Robertson, Jr.	1	0	1	0	2	0	0	0	0	0	0	0	0	0
Samuel McAdams	1	2	1	4	8	0	0	0	0	0	0	0	0	0
Stephen Pate	1	2	1	1	5	0	0	0	0	0	0	0	0	0
Henderson, Rich.	1	4	1	4	10	0	0	0	0	0	0	0	0	0
Anderson & Wm Miller	2	1	1	0	4	0	0	0	0	0	0	0	0	0
Wm. Malone	1	0	1	0	2	0	0	0	0	0	0	0	0	0
Samuel Robertson	1	2	1	0	4	0	3	0	0	0	0	0	0	0
James Miller	1	2	1	1	5	0	5	0	0	0	0	0	0	0
John Ellison	1	5	1	0	7	6	3	0	0	0	0	0	0	0
Samuel G. Ming	1	1	1	1	4	0	3	2	2	3	300	0	0	0
Henry Smith	1	2	1	0	4	0	0	0	0	0	0	0	0	0
Millicans, Heirs	1	5	1	2	9	0	0	0	0	0	0	0	0	0

A LIST OF THE CENSUS AND STATISTICS OF LIMESTONE COUNTY, 1819 AND 1820.

	(1)	(2)	(3)	(4)	(5)	(6)	(7)	(8)	(9)	(10)	(11)	(12)	(13)	(14)
Andrew McWilliams	1	2	1	4	8	0	0	0	0	0	0	0	0	0
Week Smith	1	3	1	1	6	0	0	0	0	0	0	0	0	0
John N/ Smith	2	1	1	0	4	0	2	0	0	0	0	0	0	0
Samuel McKinney	1	0	1	0	2	0	0	0	0	0	0	0	0	0
John Long	1	5	3	4	13	0	6	0	0	0	0	0	0	0
David D. Robertson	1	0	0	0	1	0	0	0	0	0	0	0	0	0
Samuel Weatherford	1	3	1	0	5	0	0	0	0	0	0	0	0	0
Walter Barkley	1	4	1	3	9	0	1	0	0	0	0	0	0	0
James Stephenson	1	4	1	4	10	0	0	0	0	0	0	0	0	0
Anderson Epperson	1	4	1	2	8	0	3	0	0	0	0	0	0	0
Thos. Ellison	1	0	1	1	3	0	0	0	0	0	0	0	0	0
Jesse W. Cook	1	2	1	1	5	0	0	0	0	0	0	0	0	0
Adam Ranier	1	0	1	1	3	0	0	0	0	0	0	0	0	0
Joseph James	1	3	1	3	8	0	0	0	0	0	0	0	0	0
Ambrose James	1	0	1	1	3	0	0	0	0	0	0	0	0	0

Jeremiah Fry	1	0	0	0	1	0	0	0	0	0	0	0	0	0	0
Samuel C. Purnell	1	1	1	1	4	0	2	0	0	0	0	0	0	0	0
John Allbright	1	5	1	5	12	0	0	0	0	0	0	0	0	0	0
Wm. Ligler	1	0	1	0	2	0	0	0	0	0	0	0	0	0	0
Darling Long	1	1	1	2	5	0	1	0	0	0	0	0	0	0	0
James Shoemaker	1	3	1	5	10	0	0	0	0	0	0	0	0	0	0
Israil Walker	1	2	1	3	7	0	0	0	0	0	0	0	0	0	0
James Demint	1	1	1	0	3	0	0	0	0	0	0	0	0	0	0
Alex Word	1	0	1	1	3	0	2	0	0	0	0	0	0	0	0
Henry Yarborough	1	1	0	2	4	0	14	0	0	0	0	0	0	0	0
Elizabeth Mason	0	3	1	2	6	0	13	0	0	0	0	0	0	0	0
Jeremiah Taylor	1	1	1	0	3	0	1	0	0	0	0	0	0	0	0
Edward Smith	1	3	1	4	9	0	6	0	0	0	0	0	0	0	0
Whitley Stenson	1	0	1	1	3	0	0	0	0	0	0	0	0	0	0
Barrett Issac	2	2	1	4	9	0	0	0	2	0	0	0	0	0	0
George Able	2	2	1	4	9	0	0	12	2	6	0	0	0	0	0

A LIST OF THE CENSUS AND STATISTICS OF LIMESTONE COUNTY, 1819 AND 1820.

	(1)	(2)	(3)	(4)	(5)	(6)	(7)	(8)	(9)	(10)	(11)	(12)	(13)	(14)
John Davis	1	3	1	2	7	0	8	20	3	6	300	0	0	0
John Harden	1	2	1	0	4	0	7	7	4	6	300	0	0	0
Benjamin Mattox	1	4	1	2	8	0	5	35	10	8	300	0	0	0
Walter Gray	1	2	1	2	6	0	16	30	4	10	300	0	0	0
Nicholas Spring	1	0	1	2	4	0	5	0	0	0	0	0	0	0
Frederick Hood	1	5	1	0	7	0	6	20	3	10	250	0	0	0
Roberts Willis	1	4	1	0	6	0	1	0	0	0	0	0	0	0
Robert Crowder	1	3	1	3	8	0	0	0	0	0	0	0	0	0
George Simpson	3	0	1	6	10	0	0	0	0	0	0	0	0	0
Mary Harris	2	1	2	0	5	0	0	0	0	0	0	0	0	0
James Craig	1	1	1	1	4	0	0	0	0	0	0	0	0	0
Douglass Blue	1	2	1	1	5	0	0	0	0	0	0	0	0	0
James Buys	1	4	1	7	13	0	4	0	0	0	0	0	0	0
George Brown	1	1	1	2	5	0	2	0	0	0	0	0	0	0
Ebenezer Frazier	1	0	1	0	2	0	3	0	0	0	0	0	0	0

Moses Blue	1	0	1	1	3	0	0	0	0	0	0	0	0	0
John Doherty	1	5	1	0	7	0	0	0	0	0	0	0	0	0
Lewis T. Black	1	2	0	0	3	0	2	0	0	0	0	0	0	0
William Bennett	1	2	2	2	7	0	0	0	0	0	0	0	0	0
Joseph W. Ellis	1	3	1	2	7	0	7	0	0	0	0	0	0	0
John Ellis	1	1	1	2	5	0	3	0	0	0	0	0	0	0
Wm. Martin	1	1	1	1	4	10	12	18	5	8	350	0	0	0
James Hargrove	1	0	1	5	7	0	4	0	0	0	0	0	0	0
Isaac Mendenall	2	3	1	5	11	0	0	0	0	0	0	0	0	0
Wm. R. Cox	1	0	0	0	1	0	0	0	0	0	0	0	0	0
Benjamin Murrell	1	2	1	3	7	0	4	0	0	0	0	0	0	0
John Maples	1	5	1	3	10	10	14	10	3	3	350	0	0	0
Thomas Pool	1	5	1	3	10	0	0	0	0	0	0	0	0	0
Charles Parton	1	1	1	2	5	0	0	0	0	0	0	0	0	0
Wm. Garner	1	2	1	0	4	0	0	0	0	0	0	0	0	0
Bridges Freeman	1	0	1	0	2	0	0	0	0	0	0	0	0	0
Issac McCuen	1	3	1	4	9	0	0	0	0	0	0	0	0	0
John McCuen	1	0	1	1	3	0	0	0	0	0	0	0	0	0
Edmund Strange	1	4	1	2	8	0	0	0	0	0	0	0	0	0

A LIST OF THE CENSUS AND STATISTICS OF LIMESTONE COUNTY, 1819 AND 1820.

	(1)	(2)	(3)	(4)	(5)	(6)	(7)	(8)	(9)	(10)	(11)	(12)	(13)	(14)
Joseph Sanderson	1	3	1	1	6	0	0	0	0	0	0	0	0	0
Elijah Sanderson	1	4	1	1	7	0	0	0	0	0	0	0	0	0
Laban James	1	6	1	2	10	0	0	0	0	0	0	0	0	0
John C. Harrison	1	1	1	3	6	0	0	0	0	0	0	0	0	0
Daniel Jaggers, Sr.	1	2	1	0	4	0	0	0	0	0	0	0	0	0
Daniel Jaggers	1	0	0	1	2	0	0	0	0	0	0	0	0	0
Christopher Cheatham	1	0	1	2	4	20	28	40	0	13	350	0	0	0
John Donoho	1	1	1	1	4	0	11	10	6	6	300	0	0	0
Stephen Flinn	1	1	1	1	4	0	5	7	2	2	300	0	0	0
George R. Cooper	1	0	1	2	4	0	0	0	0	0	0	0	0	0
Obadiah Jones	1	4	1	1	7	0	16	0	0	0	0	0	0	0
Henry Langford	1	1	1	3	6	0	0	0	0	0	0	0	0	0
John Edmunds	1	3	1	2	7	0	4	0	0	0	0	0	0	0
Wm. Sowell	1	4	1	4	10	0	0	0	0	0	0	0	0	0
Absolom Dukins	1	2	1	1	5	0	0	0	0	0	0	0	0	0

Richard York	1	0	1	2	4	0	0	0	0	0	0	0	0
Shaderick Sowell	1	1	1	0	3	0	0	0	0	0	0	0	0
James Simms	1	3	1	3	8	0	3	0	0	0	0	0	0
Dempsey Gatlin	1	4	2	1	8	0	0	0	0	0	0	0	0
Daniel Smith	1	0	1	2	4	0	0	0	0	0	0	0	0
James Reed	1	4	1	2	8	0	0	0	0	0	0	0	0
James Anderson	1	2	1	4	8	0	0	0	0	0	0	0	0
Simon Foy	1	6	1	5	13	0	0	0	0	0	0	0	0
Elizabeth Campbell	0	2	1	2	5	0	0	0	0	0	0	0	0
Jeffry Murrill	1	3	1	1	6	0	4	0	0	0	0	0	0
Joseph Davis	1	0	2	0	3	0	0	0	0	0	0	0	0
James Dublin	1	5	1	2	9	0	0	0	0	0	0	0	0
John Simms	1	0	0	0	1	0	0	0	0	0	0	0	0
Gabriel Long	1	1	1	4	7	0	1	0	0	0	0	0	0
Alex. Perry	1	1	1	1	4	0	0	0	0	0	0	0	0
Morris Sanderson	1	2	1	1	5	0	0	0	0	0	0	0	0
Anney Perry	0	2	1	2	5	0	3	0	0	0	0	0	0
George Perry	1	0	1	0	2	0	0	0	0	0	0	0	0
George Wells	1	0	1	1	3	1	0	0	0	0	0	0	0

A LIST OF THE CENSUS AND STATISTICS OF LIMESTONE COUNTY, 1819 AND 1820.

	(1)	(2)	(3)	(4)	(5)	(6)	(7)	(8)	(9)	(10)	(11)	(12)	(13)	(14)
Wm. Perry	1	0	1	3	5	0	0	0	0	0	0	0	0	0
Jonathan Price	1	3	1	1	6	0	0	0	0	0	0	0	0	0
Claiborne Wright	1	0	0	0	1	0	1	1	0	0	0	0	0	0
Pleasant Peace	1	0	1	1	3	0	0	0	0	0	0	0	0	0
John W. Cooper	1	0	0	0	1	0	0	0	0	0	0	0	0	0
Ephraim Robertson	2	0	1	3	6	0	3	0	0	0	0	0	0	0
John Jack	1	5	1	2	9	0	0	0	0	0	0	0	0	0
Thomas Dobbins	2	0	1	3	6	0	0	0	0	0	0	0	0	0
Asa Dill	2	0	1	3	6	0	0	0	0	0	0	0	0	0
Benjamin Dennis	1	0	1	2	4	0	0	0	0	0	0	0	0	0
Wright Whitfield	1	1	2	0	4	0	0	0	0	0	0	0	0	0
Joshua Hancock	1	1	1	2	5	0	0	0	0	0	0	0	0	0
Eppy Warener	1	0	1	0	2	0	0	0	0	0	0	0	0	0
James Martin	2	1	1	6	10	0	0	0	0	0	0	0	0	0
Wilson K. McKinsey	1	2	1	3	7	0	7	0	0	0	0	0	0	0

Arch. Warner	1	3	1	2	7	0	1	0	0	0	0	0
Willis Roberts	1	1	1	1	4	0	0	0	0	0	0	0
Ansil Whitfield	1	0	1	2	4	0	1	0	0	0	0	0
Reddick Thomas	3	4	2	3	12	0	4	0	0	0	0	0
Malcomb Thompson	1	1	0	4	6	0	0	0	0	0	0	0
Thomas Scaggs	1	5	1	2	9	0	0	0	0	0	0	0
Willie Scaggs	1	2	1	1	5	0	0	0	0	0	0	0
John McKinny	1	2	1	1	5	0	0	0	0	0	0	0
James Slaughter	2	3	1	4	10	0	0	0	0	0	0	0
John Massey	1	1	1	3	6	0	10	0	0	0	0	0
Duncan Thompson	1	4	1	1	7	0	0	0	0	0	0	0
William Hudson	1	1	0	0	2	0	0	0	0	0	0	0
Wm. Rice	1	2	1	2	6	0	0	0	0	0	0	0
Andrew B. Arnett	1	3	1	4	9	0	0	0	0	0	0	0
Larkin Everett	1	5	1	3	10	0	0	0	0	1	40	0
James Terry	1	1	1	2	5	0	0	0	0	0	0	0
John Waterson	1	2	1	4	8	0	0	0	0	0	0	0
Anthony Phillips	2	1	1	2	6	0	12	0	0	0	0	0
John Davis	1	1	1	4	7	0	1	0	0	0	0	0

A LIST OF THE CENSUS AND STATISTICS OF LIMESTONE COUNTY, 1819 AND 1820.

	(1)	(2)	(3)	(4)	(5)	(6)	(7)	(8)	(9)	(10)	(11)	(12)	(13)	(14
John Murrell	1	1	1	0	3	0	0	0	0	0	0	0	0	0
Hardin Gregory	1	2	1	2	6	0	1	0	0	0	0	0	0	0
Pleasant P. Ford	1	2	1	2	6	0	0	0	0	0	0	0	0	0
Littleberry Medlock	1	3	1	2	7	0	0	0	0	0	0	0	0	0
Henry Lisby	1	4	1	1	7	0	0	0	0	0	0	0	0	0
Charles Clemmens	1	1	1	2	5	0	0	0	0	0	0	0	0	0
Charles Matthews	1	0	0	0	1	0	0	0	0	0	0	0	0	0
Henry Abinathy	2	4	2	4	12	0	5	0	0	0	0	0	0	0
Holloway Maples	1	3	1	2	7	0	12	0	0	0	0	0	0	0
Charles Hodges	1	1	1	1	4	0	0	0	0	0	0	0	0	0
Joseph Brunson	1	1	1	2	5	0	3	0	0	0	0	0	0	0
Eli Ellis	1	3	1	1	6	0	7	0	0	0	0	0	0	0
Wm. Maples	1	1	1	5	8	0	2	0	0	0	0	0	0	0
Hezekeah Robertson	1	4	1	0	6	0	0	0	0	0	0	0	0	0
Wm. Redders	1	4	1	5	11	0	0	0	0	0	0	0	0	0

	1	2	1	5	9	ɔ	0	0	0	0	0	0	0
Robert Steel	1	2	1	1	9	ɔ	0	0	0	0	0	0	0
Slaughter John	1	2	1	0	4	0	0	0	0	0	0	0	0
Birnard McDaniel	1	3	1	6	11	0	0	0	0	0	0	0	0
James Temples	1	1	1	1	4	0	0	0	0	0	0	0	0
George McCormick	1	1	1	1	4	0	0	0	0	0	0	0	0
Wm. Walden	1	3	1	6	11	0	0	0	0	0	0	0	0
William Eves	1	1	1	2	5	0	0	0	0	0	0	0	0
David Walker	1	1	1	1	4	0	0	0	0	0	0	0	0
Eakins John	1	1	1	2	5	0	0	0	0	0	0	0	0
Sarah Moore	0	1	2	0	3	0	0	0	0	0	0	0	0
Nancy Ramsy	0	2	1	4	7	0	0	0	0	0	0	0	0
John Molloy	1	3	1	2	7	0	0	0	0	0	0	0	0
Charles Alford	1	3	1	0	5	0	0	0	0	0	0	0	0
Samuel McCall	1	1	1	0	3	0	0	0	0	0	0	0	0
John McCall	1	1	1	0	3	0	0	0	0	0	0	0	0
Ephraim Young	1	0	1	1	3	0	0	0	0	0	0	0	0
Jonathan Miller	1	4	1	3	9	0	0	0	0	0	0	0	0
Wm. Crouch	1	1	1	2	5	0	0	0	0	0	0	0	0
James Matthews	1	6	1	4	12	0	0	0	0	0	0	0	0

A LIST OF THE CENSUS AND STATISTICS OF LIMESTONE COUNTY, 1819 AND 1820.

	(1)	(2)	(3)	(4)	(5)	(6)	(7)	(8)	(9)	(10)	(11)	(12)	(13)	(14)
Phillip Karnes	1	0	1	0	2	0	0	0	0	0	0	0	0	0
Wm. Dodson	1	2	1	1	5	0	0	0	0	0	0	0	0	0
Alex. McCall	1	0	1	1	3	0	0	0	0	0	0	0	0	0
Martindale Thomas	1	0	1	1	3	0	0	0	0	0	0	0	0	0
Jesse Bales	1	2	1	1	5	0	0	0	0	0	0	0	0	0
William Willis	1	6	1	1	9	0	0	0	0	0	0	0	0	0
Lemuel Farrow	1	0	1	0	2	0	0	0	0	0	0	0	0	0
John McCall Jr.	1	2	1	0	3	0	0	0	0	0	0	0	0	0
Mashick Tipton	1	1	1	1	4	0	0	0	0	0	0	0	0	0
James Leverque	1	0	1	0	2	0	0	0	0	0	0	0	0	
Jesse H/ Holloway	1	0	1	1	3	0	2	0	0	0	0	0	0	0
Jesse Williams	1	4	1	1	7	0	0	0	0	0	0	0	0	0
Wm. Leverque	1	0	1	3	5	0	0	0	0	0	0	0	0	0
Wm. Martindale	1	6	1	6	14	0	0	0	0	0	0	0	0	0
Wm. Bird	1	6	1	0	8	0	0	0	0	0	0	0	0	0

John Moore	1	0	1	0	2	0	0	0	0	0	0	0	0	0	0
Brazel Farrow	1	0	1	1	3	2	0	0	0	0	0	0	0	0	0
Jeremiah Duncan	1	2	1	4	8	0	0	0	0	0	0	0	0	0	0
Uriah Smith	1	10	1	6	18	0	0	0	0	0	0	0	0	0	0
Joel Woolly	1	3	1	3	8	4	0	0	0	0	0	0	0	0	0
Alex. Tedford	1	1	1	3	6	3	0	0	0	0	0	0	0	0	0
John McNeal	1	3	1	1	6	1	0	0	0	0	0	0	0	0	0
William Hamilton	1	0	1	0	2	0	0	0	0	0	0	0	0	0	0
James H/ Bell	1	1	1	2	5	1	12	2	9	300	0	0	0	0	0
Wm. Bird	1	1	1	3	6	10	22	5	15	260	0	0	0	0	0
Charles Simmons	1	2	2	3	8	0	0	0	0	0	0	0	0	0	0
Samuel McGomery	1	0	1	1	3	9	25	5	12	350	0	0	0	0	0
John Fleetcher	1	1	1	3	7	7	25	5	17	300	0	0	0	0	0
Martin Benson	2	3	1	0	6	13	26	6	15	300	0	0	0	0	0
Neal Malone	1	1	1	1	4	4	15	1	2	300	0	0	0	0	0
Noah Dulant	1	1	1	1	4	0	0	0	0	0	0	0	0	0	0
Hanah Malone	0	1	1	4	6	0	0	0	0	0	0	0	0	0	0
Benjamin Allen	1	5	1	3	10	0	12	0	0	0	0	0	0	0	0
Anderson Meddows	1	3	1	4	9	0	0	0	0	0	0	0	0	0	0

A LIST OF THE CENSUS AND STATISTICS OF LIMESTONE COUNTY, 1819 AND 1820.

	(1)	(2)	(3)	(4)	(5)	(6)	(7)	(8)	(9)	(10)	(11)	(12)	(13)	(14)
Ezekeel B. Wilson	1	1	1	0	3	0	0	0	0	0	0	0	0	0
Cyrus Arledge	2	4	1	4	11	0	0	9	2	4	300	0	0	0
Peter Williamson	1	0	1	1	3	1	0	6	1	2	350	0	0	0
Wildman Hine	1	1	1	0	3	0	1	0	0	0	0	0	0	0
Grief Carrell	1	1	1	2	5	0	16	30	5	12	350	0	0	0
Jesse Owen	1	2	1	0	4	0	7	10	2	3	250	0	0	0
Ephraim Owen	1	2	1	1	5	0	0	0	0	0	0	0	0	0
Reubin Baily	1	0	1	0	2	0	0	0	0	0	0	0	0	0
John A. McKinney	1	2	1	3	7	0	0	0	0	0	0	0	0	0
Joseph Powell	3	3	1	4	11	0	0	0	2	7	300	0	0	0
Hine, Calvin	1	1	1	0	3	0	12	3	0	0	0	0	0	0
John Hazlep	1	1	1	1	4	0	0	0	0	0	0	0	0	0
John York	1	1	1	1	4	0	0	0	0	0	0	0	0	0
Francis Nixon	1	5	1	3	10	0	0	0	0	0	0	0	0	0
Wm. Kimbrall	1	1	1	1	4	0	0	0	0	0	0	0	0	0

Wm. Horton	1	1	1	0	3	0	0	0	0	0	0	0	0	0
Hugh Malone	1	0	1	1	3	0	0	0	0	0	0	0	0	0
Thomas Leonard	1	0	1	8	10	0	2	0	0	0	0	0	0	0
John Humphress	1	3	1	3	8	0	4	0	0	0	0	0	0	0
Abner McGaughey	1	5	1	0	7	0	7	0	0	0	0	0	0	0
John Malone	1	1	1	2	5	0	0	0	0	0	0	0	0	0
Uriah York	1	0	1	4	6	0	0	0	0	0	0	0	0	0
Jeremiah York	1	0	1	2	4	0	0	0	0	0	0	0	0	0
Gideon York	1	1	1	0	3	0	0	0	0	0	0	0	0	0
Joseph Carrell	1	0	0	0	1	0	0	0	0	0	0	0	0	0
Thos. Gray	1	1	1	4	7	0	2	17	3	7	300	0	0	0
Barnard Pratt	1	2	1	2	6	0	0	0	0	0	0	0	0	0
Wm. Edmondson	1	5	3	0	9	0	14	16	4	5	250	0	0	0
Abner Henry	1	1	1	1	4	0	0	0	0	0	0	0	0	0
Samuel McDowell	1	3	1	1	6	0	0	0	0	0	0	0	0	0
Elliott Nixon	1	0	1	1	3	0	0	0	0	0	0	0	0	0
Jesse Harrison	1	0	1	2	4	0	0	0	0	0	0	0	0	0
Wm. Stinnett	1	3	1	2	7	0	10	0	0	0	0	0	0	0
Peter Gray	1	4	1	3	9	0	0	0	0	0	0	0	0	0

A LIST OF THE CENSUS AND STATISTICS OF LIMESTONE COUNTY, 1819 AND 1820.

	(1)	(2)	(3)	(4)	(5)	(6)	(7)	(8)	(9)	(10)	(11)	(12)	(13)	(14)
George Isom	1	2	1	1	5	0	0	0	0	0	0	0	0	0
Gideon Harrison	1	0	1	0	2	0	0	0	0	0	0	0	0	0
George Isom	1	1	1	1	4	0	0	0	0	0	0	0	0	0
John Harrison	1	1	1	0	3	0	0	0	0	0	0	0	0	0
John Frazier	1	2	1	2	6	0	0	0	0	0	0	0	0	0
Samuel Sloan	1	3	1	5	10	0	0	0	0	0	0	0	0	0
Levin Gray	1	0	1	0	2	0	0	0	0	0	0	0	0	0
Wm. Porterfield	1	1	2	3	8	0	5	0	0	0	0	0	0	0
John Russell	1	2	1	4	8	0	0	0	0	0	0	0	0	0
Lawrence Page	1	2	1	2	6	0	0	0	0	0	0	0	0	0
Robert Smith	1	5	1	2	9	0	2	0	0	0	0	0	0	0
Wm. T. Henderson	1	0	0	0	1	0	1	1	0	0	0	0	0	0
Wm. Bell	1	2	1	2	6	0	1	0	0	0	0	0	0	0
John Dickey	1	1	1	1	4	0	2	0	0	0	0	0	0	0
James Falls	1	2	1	0	4	0	0	0	0	0	0	0	0	0

John Land, Jr.	1	1	1	0	3	0	1	0	0	0	0	0	0	0
Benjamin Neighbours	1	7	1	5	14	0	7	0	0	0	0	0	0	0
Eppy White	1	1	1	1	4	0	5	0	0	0	0	0	0	0
Joseph Mayhorn	1	1	1	1	4	0	1	0	0	0	0	0	0	0
Thomas Williams	1	1	1	0	3	0	0	0	0	0	0	0	0	0
John Land, Senior	1	3	1	4	9	0	0	0	0	0	0	0	0	0
David Dickerson	1	3	1	3	8	0	0	0	0	0	0	0	0	0
Samuel Reed	1	1	1	0	3	0	0	0	0	0	0	0	0	0
Turner Dickerson	1	3	1	4	9	0	0	0	0	0	0	0	0	0
Henry Moore	2	0	0	0	2	0	0	0	0	0	0	0	0	0
Lacy McKinsey	1	4	1	4	10	0	4	0	0	0	0	0	0	0
Abraham King	1	2	1	2	6	0	5	0	0	0	0	0	0	0
Daniel McKinsey	1	3	1	2	7	0	9	0	0	0	0	0	0	0
Nath. H. Parrish	2	0	0	0	2	0	5	0	0	0	0	0	0	0
Benj. Green	1	2	1	2	6	0	0	0	0	0	0	0	0	0
James Grimes	1	1	1	2	5	0	1	0	0	0	0	0	0	0
Benj. Carrell	1	2	1	0	3	0	0	0	0	0	0	0	0	0
Thomas Neal	1	1	1	4	7	0	0	0	0	0	0	0	0	0
Nathaniel Norwood	1	3	1	3	8	0	6	0	0	0	0	0	0	0

A LIST OF THE CENSUS AND STATISTICS OF LIMESTONE COUNTY, 1819 AND 1820.

	(1)	(2)	(3)	(4)	(5)	(6)	(7)	(8)	(9)	(10)	(11)	(12)	(13)	(14)
Paul Mitchell	3	3	1	1	8	0	4	0	0	0	0	0	0	0
Robert Donnell	2	0	2	0	4	0	11	0	0	0	0	0	0	0
John Bell	1	5	1	2	9	0	0	0	0	0	0	0	0	0
John McClendon	1	0	2	2	5	0	0	0	0	0	0	0	0	0
Thomas Smith	1	1	1	2	5	0	0	0	0	0	0	0	0	0
John Ellison	1	4	1	1	7	0	9	0	0	0	0	0	0	0
John Rhea	1	0	1	5	7	0	1	0	0	0	0	0	0	0
Robert Ellison	1	1	1	2	0	0	0	0	0	0	0	0	0	0
James Ellison	1	1	1	2	0	0	2	0	0	0	0	0	0	0
Michael McGomery	2	3	1	2	8	0	0	0	0	0	0	0	0	0
David K. Fisher	2	0	3	5	10	0	1	0	0	0	0	0	0	0
Mecajah Thomas	1	0	0	0	1	10	13	0	0	0	0	0	0	0
Theophilus Thomas	1	5	2	0	8	0	20	0	0	0	0	0	0	0
Andrew Blair	1	7	1	0	9	0	1	0	0	0	0	0	0	0
John Cunningham	1	3	1	1	6	0	0	0	0	0	0	0	0	0

James Cunningham	3	1	1	1	4	0	0	0	0	0	0	0	0
Jesse H. Posey	3	6	2	1	12	0	13	0	0	0	0	0	1
Mary Harris	2	0	2	0	4	0	22	0	0	0	0	0	0
John J. Jones	1	1	1	2	5	0	3	0	0	0	0	0	0
Nathaniel Davis	1	2	1	0	4	0	0	0	0	0	0	0	0
John Ecford	1	1	2	1	5	0	0	0	0	0	0	0	0
Nathan Smith	2	4	1	5	12	0	0	0	0	0	0	0	0
Daniel Hardin	1	1	1	0	3	1	0	0	0	0	0	0	0
Joseph Rutledge	1	4	1	4	10	0	4	0	0	0	0	0	0
Eli Robertson	1	2	1	0	4	0	0	0	0	0	0	0	0
Lewis Tillman	1	1	1	0	3	0	8	0	0	0	0	0	0
Wm. Miller	1	0	2	0	3	0	2	0	0	0	0	0	0
John E. Irwin	1	1	1	3	6	0	0	0	0	0	0	0	0
James C. Moore	1	1	1	1	4	0	0	0	0	0	0	0	0
James F. Burns	1	1	0	0	2	0	0	0	0	0	0	0	0
Samuel Clausett	1	1	1	0	3	0	1	0	0	0	0	0	0
Wm. Burns	1	1	1	2	5	0	10	30	0	0	0	0	0
Samuel Clausett	1	1	1	4	7	0	9	0	0	0	0	0	0
Wilson McKinney Sr.	1	0	1	0	2	0	0	0	0	0	0	0	0

A LIST OF THE CENSUS AND STATISTICS OF LIMESTONE COUNTY, 1819 AND 1820.

	(1)	(2)	(3)	(4)	(5)	(6)	(7)	(8)	(9)	(10)	(11)	(12)	(13)	(14)
Andrew Turnipseed	0	0	0	0	0	6	0	0	0	0	0	0	0	0
Edward Wood	1	0	1	2	4	0	8	16	7	5	350	0	0	0
Brice M/ Garner	3	2	1	1	7	0	15	60	1	60	250	1	61	0
Thos. Howell	1	0	1	0	2	0	0	0	0	0	0	0	0	0
John Stone	1	1	1	0	3	0	2	1	0	0	0	0	0	0
John C. Ingram	2	0	1	0	3	0	0	0	0	0	0	0	0	0
John Jones	1	5	1	3	10	0	17	40	9	20	300	0	0	0
Thomas E. Jones	1	2	1	5	9	0	16	28	5	15	300	0	0	0
John McClendon	1	2	1	1	5	0	0	0	0	0	0	0	0	0
Wm. Hooper	1	1	1	0	3	0	0	0	0	0	0	0	0	0
Wm. Dunwooddy	3	2	2	3	10	0	0	0	0	0	0	0	0	0
Bennett E .Henderson	1	2	1	2	6	0	20	50	10	13	350	0	0	0
Lewis Roberts	3	2	2	6	13	0	0	0	0	0	0	0	0	0
Sampson Lane	1	6	1	2	10	0	9	0	0	0	0	0	0	0
Thos. Mayfield	1	0	1	0	2	0	0	0	0	0	0	0	0	0

N. Perkins	1	1	1	1	4	0	14	0	0	0	0	0	0
Wm. Hall	1	1	1	1	4	0	8	0	0	0	0	0	0
James McNuse ?	1	1	1	3	6	0	5	0	0	0	0	0	0
Jane Scott	0	2	1	1	4	0	17	0	0	0	0	0	0
F. Crenchaw	1	7	1	4	13	0	10	0	0	0	0	0	0
Reuben R. Scott	1	4	2	3	10	0	0	0	0	0	0	0	0
Wm. Wales	1	5	1	2	9	0	0	0	0	0	0	0	0
Peter Kindle	1	3	1	5	10	0	0	0	0	0	0	0	0
Leroy Pope	1	2	1	3	7	0	59	0	0	0	0	0	0
James W. Walker	2	4	1	1	8	0	72	0	0	0	0	0	0
James Titus	1	3	1	2	7	0	12	0	0	0	0	0	0
Samuel Jourdan	1	0	2	1	4	0	40	0	0	0	0	0	0
Capt. Jas. Inglish	1	1	1	1	4	0	3	0	0	0	0	0	0
David Johnson	1	4	1	4	10	0	0	0	0	0	0	0	0
Peter Moses	1	3	1	4	9	0	0	0	0	0	0	0	0
Lezanah Morton	0	2	1	2	5	0	0	0	0	0	0	0	0
James M. Gray	2	1	2	2	7	0	10	0	0	0	0	0	0
Eli Askew	2	0	0	0	2	0	6	0	0	0	0	0	0
Moses Kendall	1	2	1	5	9	0	12	0	0	0	0	0	0

A LIST OF THE CENSUS AND STATISTICS OF LIMESTONE COUNTY, 1819 AND 1820.

	(1)	(2)	(3)	(4)	(5)	(6)	(7)	(8)	(9)	(10)	(11)	(12)	(13)	(14)
David Cannon	1	1	1	2	5	0	8	0	0	0	0	0	0	0
James Ellis	1	2	1	2	6	0	4	0	0	0	0	0	0	0
George Prince	1	3	1	1	6	0	0	0	0	0	0	0	0	0
John Kendrick	1	4	1	5	11	0	0	0	0	0	0	0	0	0
James Blackwood	1	2	1	3	7	0	9	0	0	0	0	0	0	0
Wm. Black, Sen.	1	6	2	7	16	0	3	0	0	0	0	0	0	0
Wm. Harrington	1	1	1	1	4	0	1	0	0	0	0	0	0	0
Elijah Cockbourn	1	3	1	2	7	0	1	0	0	0	0	0	0	0
Wm. Mitchell	1	2	1	3	7	0	0	0	0	0	0	0	0	0
James Calhoon	1	1	1	1	4	0	0	0	0	0	0	0	0	0
Samuel Dowty	1	2	1	2	6	0	0	0	0	0	0	0	0	0
Wm. Maxwell	1	0	1	2	4	0	0	0	0	0	0	0	0	0
Wm. Hall	1	1	1	1	4	0	0	0	0	0	0	0	0	0
Zachariah Jacobs	1	6	1	3	11	0	0	0	0	0	0	0	0	0
Arch. Templeton	1	4	1	2	8	0	6	0	0	0	0	0	0	0

Rowland Gatewood	1	3	1	2	7	0	0	0	0	0	0	0	0
Wm. Lane	1	1	1	1	4	0	0	6	0	0	0	0	0
Jesse French	1	2	1	3	7	0	0	0	0	0	0	0	0
James Beatty	1	2	1	1	5	0	0	0	0	0	0	0	0
Henry G. Fellows	1	2	1	2	6	0	0	0	0	0	0	0	0
Wm. McBroom	1	2	1	4	8	0	0	0	0	0	0	0	0
Jogh Hogh	1	2	1	2	6	0	0	0	0	0	0	0	0
Amos French	2	3	1	3	9	0	0	0	0	0	0	0	0
John Collier	1	4	1	3	9	0	0	0	0	0	0	0	0
Jacob Lamb	1	1	1	2	5	0	0	0	0	0	0	0	0
Joel W. Winston	1	1	1	2	5	0	17	0	0	0	0	0	0
Ephraim Moore	1	1	1	1	4	0	0	0	0	0	0	0	0
James Isum ?	1	11	3	2	17	0	1	0	0	0	0	0	0
John Miller	1	1	4	2	8	0	0	0	0	0	0	0	0
James Wilkinson	1	1	4	3	9	0	1	0	0	0	0	0	0
Jeremiah Jaggers	1	2	1	1	5	0	0	0	0	0	0	0	0
Hiram Sanders	1	1	1	0	3	0	0	0	0	0	0	0	0
Isaac Chiles	1	1	1	1	4	0	0	0	0	0	0	0	0
Samuel Garrott	1	4	1	5	11	0	0	0	0	0	0	0	0

A LIST OF THE CENSUS AND STATISTICS OF LIMESTONE COUNTY, 1819 AND 1820.

	(1)	(2)	(3)	(4)	(5)	(6)	(7)	(8)	(9)	(10)	(11)	(12)	(13)	(14)
Henry Colley	1	1	1	2	5	0	0	0	0	0	0	0	0	0
Robert D. Pollock	1	1	1	2	5	0	0	0	0	0	0	0	0	0
Wm. Miles	1	3	1	3	0	7	0	0	0	0	0	0	0	0
Benj. Miles	1	3	1	2	7	0	0	0	0	0	0	0	0	0
James McKinney	1	4	1	4	10	0	0	0	0	0	0	0	0	0
Daniel Miller	1	4	1	4	10	0	0	0	0	0	0	0	0	0
Charles Booth	1	2	1	5	9	0	0	0	0	0	0	0	0	0
Joseph Love	2	2	1	3	8	0	4	0	0	0	0	0	0	0
John Martin	1	1	1	2	5	0	0	0	0	0	0	0	0	0
Samuel Smith	1	4	1	4	10	0	0	0	0	0	0	0	0	0
Bridges Freeman	1	1	1	1	4	0	0	0	0	0	0	0	0	0
Aaron Long	1	2	1	4	8	0	0	0	0	0	0	0	0	0
John L Gee	1	2	1	1	5	0	0	0	0	0	0	0	0	0
Samuel Garner	1	1	1	4	7	0	3	0	0	0	0	0	0	0
John Kelly	1	1	2	1	5	0	0	0	0	0	0	0	0	0

John Smith	1	1	1	3	6	0	0	0	0	0	0	0	0	0	0	0
Edward Finn	1	1	1	7	10	0	0	0	0	0	0	0	0	0	0	0
Archibald Baird	1	5	1	4	11	0	0	3	2	0	0	0	0	0	0	0
George Baird	1	4	1	3	9	0	10	3	5	0	0	0	0	0	0	0
Wm. Adams	1	3	1	4	9	0	2	2	1	0	0	0	0	0	0	0
Thomas, Shoemaker	1	1	1	3	6	0	0	0	0	0	0	0	0	0	0	0
Thos. Shoemaker Jr.	1	1	0	1	3	0	0	0	0	0	0	0	0	0	0	0
Catherine Shoemaker	0	2	1	2	5	0	4	2	2	0	0	0	0	0	0	0
Richard Shoemaker	1	0	0	1	2	0	0	0	0	0	0	0	0	0	0	0
John Lucas	1	4	1	4	10	0	0	0	0	0	0	0	0	0	0	0
Samuel Lentz	1	1	1	0	3	0	0	0	0	0	0	0	0	0	0	0
Johnson Corbin	1	0	1	3	5	0	0	0	0	0	0	0	0	0	0	0
Samuel Wheat	1	4	1	4	10	0	0	0	0	0	0	0	0	0	0	0
John Stamps	1	2	1	3	7	0	0	0	0	0	0	0	0	0	0	0
Asa Morgan	1	5	1	5	12	0	0	0	0	0	0	0	0	0	0	0
Joseph Cox	1	4	1	4	10	0	0	0	0	0	0	0	0	0	0	0
John Wofford	1	3	1	3	8	0	5	0	0	0	0	0	0	0	0	0
Adam Cox	1	3	1	2	7	0	0	0	0	0	0	0	0	0	0	0
John Cox	1	3	1	3	8	0	0	0	0	0	0	0	0	0	0	0

A LIST OF THE CENSUS AND STATISTICS OF LIMESTONE COUNTY, 1819 AND 1820.

	(1)	(2)	(3)	(4)	(5)	(6)	(7)	(8)	(9)	(10)	(11)	(12)	(13)	(14)
Thomas Hawkins	1	5	1	2	9	0	0	0	0	0	0	0	0	0
Andrew O. Horne	1	1	1	0	3	0	0	0	0	0	0	0	0	0
Benj. B. Jones	0	0	0	0	0	0	14	100	20	80	300	0	0	0
Edmond Clement	1	1	1	7	10	0	11	30	6	12	300	0	0	0
Joshua L. Martin	1	0	0	0	1	0	1	0	0	0	0	0	0	0
Andrew Neeley	1	0	1	3	5	0	0	0	0	0	0	0	0	0
James Cox	1	1	1	2	5	0	0	0	0	0	0	0	0	0
John Baird	1	4	1	4	10	0	0	7	2	2	350	0	0	0
Samuel Neeley	1	5	1	3	10	0	0	12	3	2	350	0	0	0
John Neely	1	1	1	4	7	0	0	0	0	0	0	0	0	0
Thomas Pounders	1	6	1	1	9	0	0	3	2	1	300	0	0	0
Wm. Pounders	1	3	1	0	5	0	2	0	0	0	0	0	0	0
Jacob Thomas	1	3	1	4	9	0	2	0	0	0	0	0	0	0
Jonathan Greenhorn	1	1	1	1	4	0	0	0	0	0	0	0	0	0
Benj. West	1	1	1	1	4	0	0	0	0	0	0	0	0	0

Ja. McGomery	0	0	0	0	0	0	0	0	0	8	3	1	3	1
Thos. Carnahan	0	0	0	0	0	0	0	0	0	7	2	1	3	1
Samuel French	0	0	0	0	0	0	0	0	0	3	0	1	1	1
James Johnson	0	0	0	0	0	0	0	0	0	7	3	1	2	1
John Craig	0	0	0	0	0	0	0	3	0	6	0	1	4	1
John Gilmore	0	0	0	0	0	0	0	0	0	12	5	1	5	1
George Lock Miller	0	0	0	0	0	0	0	0	0	9	5	1	2	1
William Patterson	0	0	0	0	0	0	0	0	0	6	3	1	1	1
P. Atkinson	0	0	0	0	0	0	0	2	0	3	0	1	1	1
John Logan	0	0	0	0	0	0	0	0	0	4	1	1	1	1
George Corp	0	0	0	0	0	0	0	0	0	6	2	1	1	2
James Irvine	0	0	0	0	0	0	0	0	0	4	0	1	1	2
William Boyce	0	0	0	0	0	0	0	0	0	5	2	1	1	1
Charles Henson	0	0	0	0	0	0	0	0	0	9	1	1	6	1
Josiah Rogers	0	0	0	0	0	0	0	0	0	6	2	1	1	2
Peter Ballew	0	0	0	0	0	0	0	0	0	5	2	1	1	1
Benj. Crofford	0	0	0	0	0	0	0	0	0	10	3	1	4	2
Thomas Parker	0	0	0	300	17	17	36	15	0	8	3	2	2	1
Elijah Bowdry (Dec)	0	0	0	0	0	0	0	3	3	0	0	0	0	0

A LIST OF THE CENSUS AND STATISTICS OF LIMESTONE COUNTY, 1819 AND 1820.

	(1)	(2)	(3)	(4)	(5)	(6)	(7)	(8)	(9)	(10)	(11)	(12)	(13)	(14)
Rich/ Fowler	1	1	1	1	4	0	0	0	0	0	0	0	0	0
Thomas Fowler	1	1	1	1	4	0	0	0	0	0	0	0	0	0
Willoughby Pugh	1	1	1	0	3	0	5	0	0	0	0	0	0	0
John Parton	2	1	1	1	5	0	0	0	0	0	0	0	0	0
John Bryant	1	4	1	4	10	0	0	0	0	0	0	0	0	0
James Dobbins	1	4	1	1	7	0	0	0	0	0	0	0	0	0
James Covinton	1	2	1	2	6	0	0	0	0	0	0	0	0	0
Robert Pollock	1	6	1	2	10	0	0	0	0	0	0	0	0	0
John G. Sanderson	1	1	1	1	4	0	0	0	0	0	0	0	0	0
Wilson Bruce	1	4	1	3	9	0	0	0	0	0	0	0	0	0
Seabourn Bruce	1	1	1	5	8	0	0	0	0	0	0	0	0	0
James Parton	1	3	1	3	8	0	0	0	0	0	0	0	0	0
John Powell	1	2	1	3	7	0	0	0	0	0	0	0	0	0
Adam Burney	1	2	1	2	6	0	1	1	0	0	0	0	0	0
Jacob Powell	1	4	1	4	10	0	3	0	0	0	0	0	0	0

James Jones	1	2	2	1	6	0	5	0	0	0	0	0	0	0	0	0	0
Joseph Moore	1	1	1	1	4	0	0	0	0	0	0	0	0	0	0	0	0
John A. Jones	1	1	1	0	3	0	1	0	0	0	0	0	0	0	0	0	0
Moses Boarin	1	6	1	2	10	0	0	0	0	0	0	0	0	0	0	0	0
Samuel McKinney	1	3	1	3	8	0	0	0	0	0	0	0	0	0	0	0	0
Leddy Moss	0	7	1	0	8	0	0	0	0	0	0	0	0	0	0	0	0
Abraham Cole	1	3	1	3	8	0	0	0	0	0	0	0	0	0	0	0	0
John Spencer	1	2	1	2	6	0	0	0	0	0	0	0	0	0	0	0	0
Wm. Yearwood	1	3	1	4	9	0	0	0	0	0	0	0	0	0	0	0	0
Zachariah Tutin	1	2	1	4	8	0	0	0	0	0	0	0	0	0	0	0	0
John Glen	1	2	1	3	7	0	0	0	0	0	0	0	0	0	0	0	0
Charles Benningfield	1	3	1	2	7	0	0	0	0	0	0	0	0	0	0	0	0
James Bedingfield ?	1	2	1	2	6	0	0	0	0	0	0	0	0	0	0	0	0
Jacob Puckett	1	7	1	1	10	0	0	0	0	0	0	0	0	0	0	0	0
Jesse Homes	1	1	1	1	4	0	0	0	0	0	0	0	0	0	0	0	0
John Chambers	1	2	1	2	6	0	0	0	0	0	0	0	0	0	0	0	0
David Speigle	1	4	1	4	10	0	0	0	0	0	0	0	0	0	0	0	0
Wm. B. Bryant	1	3	1	2	7	0	0	0	0	0	0	0	0	0	0	0	0
Zachariah Bryant	1	1	1	1	4	0	0	0	0	0	0	0	0	0	0	0	0

A LIST OF THE CENSUS AND STATISTICS OF LIMESTONE COUNTY, 1819 AND 1820.

	(1)	(2)	(3)	(4)	(5)	(6)	(7)	(8)	(9)	(10)	(11)	(12)	(13)	(14)
Joseph Shadrick	2	1	2	1	6	0	0	0	0	0	0	0	0	0
Thomas Tinsley	1	4	1	4	10	0	0	0	0	0	0	0	0	0
Wm. Shoemaker	2	2	2	1	7	0	0	0	0	0	0	0	0	0
James W. Dupuy	2	1	1	2	6	0	10	0	0	0	0	0	0	0
John Elliott	1	3	1	1	6	0	0	0	0	0	0	0	0	0
John Cunningham	1	3	1	3	8	0	0	0	0	0	0	0	0	0
Simon Wellett	1	2	1	1	5	0	3	0	0	0	0	0	0	0
Samuel Romine	2	3	1	3	9	0	0	0	0	0	0	0	0	0
Littleton Phillips	1	1	1	4	7	0	0	0	0	0	0	0	0	0
Jacob Lock	1	2	1	4	8	0	0	0	0	0	0	0	0	0
Jesse Toliver	1	3	1	3	8	0	0	0	0	0	0	0	0	0
Charles Cook	1	2	2	3	8	0	0	0	0	0	0	0	0	0
Michael Holt	1	3	1	2	7	0	0	0	0	0	0	0	0	0
Daniel Martindale	1	1	1	0	3	0	1	1	0	0	0	0	0	0
James Martindale	1	4	1	3	9	0	0	0	0	0	0	0	0	0

James Blockhart	1	0	1	1	3	0	9	0	0	0	0	0	0	0
Lovell Coffman	1	4	1	4	10	0	1	0	0	0	0	0	0	0
Andrew Briles	1	3	1	5	10	0	0	0	10	3	7	350	0	0
Levi Cummins	1	6	1	3	11	0	4	0	0	0	0	0	0	0
Mason Cummins	1	1	1	0	3	0	0	0	0	0	0	0	0	0
Hugh Kennedy	1	3	1	4	9	0	0	0	0	0	0	0	0	0
William Love	3	2	1	3	9	0	9	0	0	0	0	0	0	0
John Watson	1	2	1	4	8	0	1	0	0	0	0	0	0	0
Samuel Baker	1	2	1	4	8	0	1	0	0	0	0	0	0	0
Joseph Kelly	1	1	1	2	5	0	0	0	0	0	0	0	0	0
William Thompson	1	3	1	4	9	0	0	0	0	0	0	0	0	0
Jonas McDonnell	1	2	1	3	7	10	12	0	0	0	0	0	0	0
Henry Lentz	1	2	1	2	6	0	0	0	0	0	0	0	0	0
John Denning	1	1	1	2	5	0	0	0	0	0	0	0	0	0
John Gregory	4	1	1	0	6	0	1	0	0	0	0	0	0	0
William Grunhaw	1	3	1	0	5	0	0	0	0	0	0	0	0	0
Robert Stinson	2	4	1	3	10	0	0	0	0	0	0	0	0	0
Isaac McCuan	1	1	1	1	4	0	0	0	0	0	0	0	0	0
Jesse Spears	1	2	1	3	7	0	1	0	0	0	0	0	0	0

A LIST OF THE CENSUS AND STATISTICS OF LIMESTONE COUNTY, 1819 AND 1820.

	(1)	(2)	(3)	(4)	(5)	(6)	(7)	(8)	(9)	(10)	(11)	(12)	(13)	(14)
John W. Smith	1	0	1	3	5	10	15	0	0	0	0	0	0	0
James McGee	1	2	1	1	5	0	1	0	0	0	0	0	0	0
Frederick Price	1	4	1	3	9	0	0	0	0	0	0	0	0	0
George Wear	1	4	1	6	12	0	0	0	0	0	0	0	0	0
William Cowan	1	2	1	3	7	0	0	0	0	0	0	0	0	0
Hugh Bell	1	4	1	4	10	0	0	0	0	0	0	0	0	0
Perry Neighbors	2	1	1	4	8	0	0	0	0	0	0	0	0	0
Matthew Stewart	1	5	1	3	10	0	0	0	0	0	0	0	0	0
William Wall	1	1	1	1	4	0	11	0	0	0	0	0	0	0
Howell Featherstone	2	1	1	0	4	0	1	0	0	0	0	0	0	0
Amos Lawson	1	1	1	3	6	0	0	0	0	0	0	0	0	0
George Mitchell	1	1	1	3	6	0	0	0	0	0	0	0	0	0
William Scoggan	1	3	1	4	9	0	0	0	0	0	0	0	0	0
Daniel Scoggan	1	3	1	3	8	0	0	0	0	0	0	0	0	0
James Weams	1	2	1	3	7	0	0	0	0	0	0	0	0	0

William Norton	1	4	1	4	10	0	0	0	0	0	0	0	0	0
Jesse Ozbourn	1	6	1	4	12	0	0	0	0	0	0	0	0	0
James Hughes	1	2	1	5	9	0	0	0	0	0	0	0	0	0
John W. Blackbourn	1	3	1	2	7	0	0	0	0	0	0	0	0	0
Jonathan Cottongham	1	4	1	5	11	0	0	0	0	0	0	0	0	0
Samuel Boaney	1	3	1	1	6	0	0	0	0	0	0	0	0	0
Andrew White	1	3	1	4	9	0	0	0	0	0	0	0	0	0
Bartholomew Weeams	1	3	2	3	9	0	0	0	0	0	0	0	0	0
A. Randolph	1	4	1	2	8	0	0	0	0	0	0	0	0	0
Amos Lawson	1	2	1	4	8	0	0	0	0	0	0	0	0	0
Craven Hinton	2	4	2	2	10	0	0	0	0	0	0	0	0	0
Bennett Hide	1	1	1	2	5	0	0	0	0	0	0	0	0	0
Elizabeth D/ Roberts	0	2	1	3	6	0	0	0	0	0	0	0	0	0
Thomas D/ Isbell	1	6	1	3	11	7	0	0	0	0	0	0	0	0
Westley Goldsmith	1	3	1	3	8	0	0	0	0	0	0	0	0	0
Aron Smith	1	4	2	4	11	0	0	0	0	0	0	0	0	0
John McKinney	1	3	1	3	8	0	0	0	0	0	0	0	0	0
Isaac Wright	1	2	1	3	7	0	0	0	0	0	0	0	0	0
Thomas Matthews	1	3	1	0	5	11	30	5	20	300	0	0	0	0

A LIST OF THE CENSUS AND STATISTICS OF LIMESTONE COUNTY, 1819 AND 1820.

	(1)	(2)	(3)	(4)	(5)	(6)	(7)	(8)	(9)	(10)	(11)	(12)	(13)	(14)
James Jackson	1	0	0	0	1	48	100	20	50	375	0	0	0	0
Andrew McCombs	1	4	1	2	8	2	0	0	0	0	0	0	0	0
James Hunt	1	1	1	1	4	0	0	0	0	0	0	0	0	0
Nathaniel B. Wilson	1	1	1	1	4	0	0	0	0	0	0	0	0	0
James Isum	1	4	1	3	9	0	0	0	0	0	0	0	0	0
John Gray	1	3	1	4	9	0	0	0	0	0	0	0	0	0
Hugh Finch	1	2	1	3	7	0	0	0	0	0	0	0	0	0
Minor Smith	1	4	1	5	11	5	0	0	0	0	0	0	0	0
Anthony Agee	1	2	1	4	8	0	0	0	0	0	0	0	0	0
John Lusk	1	1	1	2	5	0	0	0	0	0	0	0	0	0
Moses Birdwell	1	4	1	4	10	0	0	0	0	0	0	0	0	0
George Haygood	1	3	1	6	11	0	0	0	0	0	0	0	0	0
Matthew Gray	1	3	1	2	7	2	0	0	0	0	0	0	0	0
Abraham Greenwood	1	2	1	4	8	0	0	0	0	0	0	0	0	0
Waddy Tate	1	1	1	2	0	38	100	20	85	350	0	0	0	0

James Wilson	1	1	1	2	5	0	0	0	0	0	0	0	0
David Selmon	1	3	4	5	10	0	0	0	0	0	0	0	0
Thos. Fowler	1	4	1	2	8	0	0	0	0	0	0	0	0
James Humphreys	1	3	1	2	7	0	0	0	0	0	0	0	0
Henry Donohoe	1	0	2	2	5	7	0	0	0	0	0	0	0
Joseph Bevers	1	0	2	1	4	0	0	0	0	0	0	0	0
Joseph Winslow	1	0	2	4	7	8	0	0	0	0	0	0	0
Mark Collier	1	1	1	4	7	0	0	0	0	0	0	0	0
Isaac Adams	1	4	1	1	0	0	0	0	0	0	0	0	0
Wm. Fudge	1	2	1	3	7	0	0	0	0	0	0	0	0
Wm. Shoers	1	3	1	4	9	0	0	0	0	0	0	0	0
Thos. French	1	0	1	3	5	0	0	0	0	0	0	0	0
Jesse Hunter	2	1	1	1	5	0	0	0	0	0	0	0	0
Oliver C. Bee	1	1	1	0	0	0	0	0	0	0	0	0	0
James Vaugh	1	2	1	3	7	0	0	0	0	0	0	0	0
McRoberts, Arch.	1	0	0	0	1	0	0	0	0	0	0	0	0
Wm. S. Rogers	1	3	1	1	6	1	0	0	0	0	0	0	0
David Griffin	1	5	1	3	10	0	0	0	0	0	0	0	0
Peter Huston	1	3	1	0	5	0	0	0	0	0	0	0	0

148

A LIST OF THE CENSUS AND STATISTICS OF LIMESTONE COUNTY, 1819 AND 1820.

	(1)	(2)	(3)	(4)	(5)	(6)	(7)	(8)	(9)	(10)	(11)	(12)	(13)	(14)
William Harrington	1	1	1	1	4	1	0	0	0	0	0	0	0	0
Elijah Cockbourne	1	3	1	3	8	1	0	0	0	0	0	0	0	0
James Wilson	1	2	1	2	6	0	0	0	0	0	0	0	0	0
Reuben Hardy	1	3	1	3	8	1	0	0	0	0	0	0	0	0
Jesse Craft	1	0	1	4	6	0	0	0	0	0	0	0	0	0
Meredith Wilkinson	1	2	1	1	5	0	0	0	0	0	0	0	0	0
Beverly Scurlock	1	1	1	1	4	0	0	0	0	0	0	0	0	0
Wm. Mitchell	1	3	1	2	7	0	0	0	0	0	0	0	0	0
James Calhoon	1	2	1	3	7	0	0	0	0	0	0	0	0	0
Samuel Dowty	1	3	1	2	7	0	0	0	0	0	0	0	0	0
Wm. Maxwell	1	1	1	2	5	0	0	0	0	0	0	0	0	0
William Hall	1	1	1	1	4	0	0	0	0	0	0	0	0	0
Zachariah Jacobs	1	6	1	3	11	0	0	0	0	0	0	0	0	0
Archibald Templeton	1	4	1	2	8	4	0	0	0	0	0	0	0	0
Rowland Gatewood	1	2	1	5	7	0	0	0	0	0	0	0	0	0

Wm. Lane	1	0	1	0	2	6	0	0	0	0	0	0	0	0
Jesse French	1	2	1	3	7	0	0	0	0	0	0	0	0	0
James Beatty	1	2	1	0	4	0	0	0	0	0	0	0	0	0
Henry G. Fallows	1	2	1	2	6	0	0	0	0	0	0	0	0	0
Wm. McBroom	1	2	1	4	8	0	0	0	0	0	0	0	0	0
John Hogh	1	2	1	2	0	0	0	0	0	0	0	0	0	0
Fields Martin	1	0	1	0	1	0	0	0	0	0	0	0	0	0
Amos French	1	3	1	3	8	0	0	0	0	0	0	0	0	0
John Collier	1	4	1	3	9	0	0	0	0	0	0	0	0	0
Jacob Lamb	1	3	1	2	7	0	0	0	0	0	0	0	0	0
Joel W. Winston	1	1	1	2	5	0	0	0	0	0	0	0	0	0
Ephraim Moore	1	0	1	2	0	0	0	0	0	0	0	0	0	0
Isam Parker	1	2	1	2	6	0	0	0	0	0	0	0	0	2
	1,112	2,124	1,028	822	6,074	802	2,923	3,181	1,517	21,267	19,540	520	540	2

ALABAMA IN 1850 and 1860

Party Politics in Alabama from 1850 Through 1860 by Dorman. p. 215.

* Benton County's Name changed to Calhoun. Jan. 29th, 1858.
* Hancock County's Name changed to Winston, January 22, 1858.

CENSUS OF ST. CLAIR COUNTY, 1820

Names of the heads of families.
(1)—White males over twenty one years.
(2)—White males under twenty one years.
(3)—White females over twenty one years.
(4)—White females under twenty one years.
(5)—Total of white population.
(6)—Total of free people of colour.
(7)—Total of slaves.
(8)—Total of inhabitants.

	(1)	(2)	(3)	(4)	(5)	(6)	(7)	(8)
Samuel Massey	1	4	1	3	9	0	1	10
Wm. Hobbs	1	3	1	0	5	0	0	5
C. C. Clayton	1	8	1	1	11	0	0	11
Warrin Truss	2	7	1	1	11	0	17	28
Margaret Anderson	1	2	1	3	7	0	2	9
John Edwards	1	0	0	2	3	0	1	4
Ruth Tune	0	3	2	1	6	0	0	6
George Shotwell	1	1	1	0	3	0	6	9
Tron Fuller	1	4	1	3	9	0	0	9
Alexander Beard	1	3	0	4	8	0	1	9
J. Richey	1	5	1	3	10	0	0	10
Wm. Dulaney	1	6	0	3	10	0	0	10
D. Townley	1	3	1	1	6	0	0	6
R. Keyton	1	1	1	2	5	0	0	5
John Dulaney	1	1	1	2	5	0	0	5
Jesse Fuller	1	0	1	1	3	0	0	3
Thos. King	1	2	1	2	6	0	0	6
Thos. King	1	0	2	1	4	0	0	4
James Person	1	0	0	2	3	0	0	3
H. Bradford	2	2	1	3	8	0	8	16
J. Turnlow	2	0	1	1	4	0	0	4
A. McMinn	2	6	1	2	11	0	0	11

CENSUS OF ST. CLAIR COUNTY, 1820

	(1)	(2)	(3)	(4)	(5)	(6)	(7)	(8)
Wm. Johnson	1	3	1	1	6	0	0	6
Wm. Hall	3	1	1	1	6	0	0	6
John Rieles	1	2	2	0	5	0	0	5
G. Wiginton	2	2	2	3	9	0	0	9
Robert Jones	1	2	1	5	9	0	0	9
John Hill	2	0	0	1	3	8	0	11
John Jones	1	4	2	1	8	0	0	8
Wm. Barnhill	2	2	1	4	9	0	0	9
Edmon Lorn	1	2	1	5	9	0	0	9
Wm. Story	1	1	1	1	4	0	0	4
Richard Jones	1	2	1	2	6	0	0	6
John King	1	1	1	0	3	0	0	3
Freeman Jones	1	2	1	2	6	0	0	6
Wm. McCage	2	4	1	3	10	0	0	10
B. Coe	2	2	1	5	10	0	3	13
Norris Hendon	1	1	1	3	6	0	3	9
David Conner	1	2	1	3	7	0	3	9
James Messor	1	0	1	0	2	0	0	2
Robert Conner	1	3	1	1	6	0	0	6
A. Brown	3	3	1	3	10	0	0	10
D. Brown	1	2	1	3	7	1	0	8
John Bush	1	3	1	4	9	0	2	11
S. Boid	1	2	1	2	6	0	3	9
P. Colmon	1	2	1	3	7	0	14	21
T. Varnon	2	1	1	1	5	0	0	5
J. W. Grigry	1	0	1	1	3	0	7	10
G. L. Brown	2	4	1	1	8	0	0	8
Z. Kelley	1	0	0	1	2	0	0	2
Wm. Vaughan	1	3	1	1	6	0	0	6

CENSUS OF ST. CLAIR COUNTY, 1820

	(1)	(2)	(3)	(4)	(5)	(6)	(7)	(8)
W. H. Greenwood	1	2	1	5	9	0	2	11
R. Cunningham	1	3	1	3	8	0	3	11
S. Jorden	1	2	1	3	7	0	0	7
E. Beason	1	1	1	0	3	0	1	4
J. Thrasher	1	3	1	3	8	0	0	8
B. Smith	1	2	1	0	4	0	0	4
J. Taylor	1	0	0	0	3	0	20	23
J. Kee	1	3	1	4	9	0	1	10
Joseph Hester	1	2	1	1	5	0	0	5
John Dill	1	0	1	0	2	0	1	3
John Hester	2	6	1	5	14	0	0	14
H. Box	1	1	1	0	3	0	0	3
R. Arnold	3	5	1	1	10	0	0	10
J. Collins	1	4	1	1	7	0	4	11
Wm. Braden	1	4	1	2	8	0	1	9
J. W. Blair	1	3	1	5	10	0	0	10
J. S. Box	1	1	1	0	4	0	0	4
T. R. Adams	1	3	1	3	7	0	0	7
S. W. Wilks	1	0	1	1	3	0	0	3
John Lowgan	1	2	1	3	7	0	0	7
John Clanrich	4	3	1	2	11	0	0	11
Wm. Davis	1	3	1	1	6	0	0	6
Wm. Johnson	1	1	1	2	5	0	0	5
John McCoy	1	4	1	2	8	0	0	8
W. W. Harper	1	0	1	0	2	0	2	4
Thos. Carter	1	6	1	5	13	0	0	13
John Colley	1	0	0	1	2	0	0	2
John Cox	1	0	0	1	2	0	0	2
Jesse Martin	1	5	1	2	9	0	3	12

CENSUS OF ST. CLAIR COUNTY, 1820

	(1)	(2)	(3)	(4)	(5)	(6)	(7)	(8)
Jas. Cunningham	2	3	1	1	7	0	0	7
Ruth McGaha.	1	2	1	4	8	0	0	8
John Martin	1	0	0	1	2	0	0	2
A. Smith	2	1	1	0	4	0	0	4
C. Mertrey	1	1	0	2	4	0	0	4
John Nicholson	1	0	1	3	5	0	0	5
M. Strainer	1	4	1	2	8	0	0	8
Wm. R/ Greenwood	1	2	1	1	6	0	0	6
Smith Alexander	1	0	0	5	7	0	0	7
J. Stephens	2	0	1	0	3	0	0	3
T. B. Hall	1	3	1	2	7	0	0	7
B. Harper	1	1	1	5	8	0	0	8
E. Colley	1	3	1	1	6	0	0	6
Jesse Green	1	0	0	1	2	0	0	2
J. Byrd	2	0	1	2	5	0	5	10
Daniel Farley	1	4	3	3	11	0	0	11
Mordica Fuller	2	0	1	1	4	0	0	4
James Martin, Esqr.	1	1	1	3	6	0	0	6
Wm. McComb	1	0	0	1	2	0	0	2
John Townly	1	4	1	1	7	0	0	7
Baker Dulney	3	1	2	4	10	0	1	11
Edmon Thompson	1	1	1	2	5	0	1	6
James Martin	2	2	1	4	9	0	0	9
S. Martin	1	0	0	3	4	0	1	5
James Massters	1	0	0	0	1	0	0	1
Wm. Stewart	1	0	1	0	2	0	1	3
Wm. Presley	1	2	1	3	7	0	0	7
Silas Dobbs	1	0	0	1	2	0	1	3
Wm. Harrison	1	0	1	0	2	0	4	6

CENSUS OF ST. CLAIR COUNTY, 1820

	(1)	(2)	(3)	(4)	(5)	(6)	(7)	(8)
Wm. Bradford	1	0	0	0	1	0	3	4
Thos. Murphy	2	0	1	4	7	0	1	8
Squire Markum	1	1	1	5	8	0	0	8
Dempsey Formon	1	0	0	0	1	0	1	2
Morris Chenault	1	1	1	4	7	0	0	7
Daniel Barnhill	0	2	0	1	3	0	0	3
Wm. Caddel	1	1	1	2	5	0	0	5
Jonah Rickles	1	2	0	1	4	0	0	4
Wm. Rickles	1	1	1	2	5	0	0	5
James Hodges	1	0	1	1	3	0	0	3
B. Wills	1	7	1	3	12	0	3	15
James Rowlen	1	0	1	1	3	0	3	6
C. Hogan	1	1	1	0	3	0	0	3
Cader Lee	1	6	2	4	13	0	6	19
Josiah Hancock	1	2	1	3	7	0	0	7
John Hooper	1	2	7	1	5	0	0	5
Thos. Newton	2	2	1	2	7	0	0	7
B. Green	0	1	1	0	2	0	0	2
S. Steadmon	2	1	1	0	2	0	0	3
Wm. Nance	2	5	1	2	10	0	0	10
George Nance	1	2	1	0	4	0	0	4
S. Formon	0	2	1	0	3	0	0	3
Wm. Scott	1	1	1	0	3	0	0	3
John Conn	1	1	1	1	4	0	0	4
Major Vingard	1	0	1	1	3	0	0	3
John Lawson	1	1	1	1	4	0	0	4
John Allen	1	0	1	7	9	0	0	9
John Howard	1	0	1	4	6	0	0	6
Thos. Thrasher	2	6	1	3	12	0	0	12

CENSUS OF ST. CLAIR COUNTY, 1820

	(1)	(2)	(3)	(4)	(5)	(6)	(7)	(8)
Boise Getrey	1	1	1	0	3	0	0	3
Ben Stovall	2	3	1	1	7	0	0	7
Wilson Hall	1	0	1	1	3	0	0	3
Wm. Green	1	0	0	0	1	0	0	1
Wm Watkins	1	1	0	0	2	0	3	5
Stephen Harmon	1	3	1	4	9	0	0	9
John Lord	1	2	1	1	5	0	0	5
Alexander Duvall	1	2	1	1	6	0	0	6
Thos. Vaughan	1	2	1	0	4	0	5	9
Silas Crump	1	9	2	3	15	0	0	15
Sion Blyth	1	6	1	2	10	0	0	10
Wm. Hill	1	3	1	4	9	0	2	11
James Seddmon	1	4	1	1	7	0	0	7
Robert Watson	1	3	1	0	5	0	0	5
Edward Warrington	1	2	1	1	5	0	0	5
Abner Crow	3	5	1	2	10	0	0	10
Ben Love	1	3	1	4	9	0	0	9
Davis Hall	1	0	1	2	4	0	0	4
Richard Hall	1	0	0	0	0	0	0	1
John Michell	1	1	1	4	7	0	2	9
Eligah Hall	1	0	0	0	0	0	0	1
Jacob Walker	1	4	1	1	7	0	0	7
John Partlow	1	3	1	1	6	0	1	7
H. B. Moore	1	4	1	1	7	0	0	7
Thos. Bradford	2	2	1	1	6	0	8	14
Thos. Stovall	1	3	1	0	5	0	0	5
John Montgomery	1	4	1	2	8	0	0	8
James Cannaday	1	1	1	1	4	0	0	4
Wm. Wiginton	1	1	1	2	5	0	0	5

CENSUS OF ST. CLAIR COUNTY, 1820

	(1)	(2)	(3)	(4)	(5)	(6)	(7)	(8)
John Stovall	1	2	1	1	5	0	4	9
David Lord	1	2	1	4	8	0	0	8
Samuel Mays	1	2	2	2	7	0	7	14
Robert Taylor	1	3	1	4	9	0	1	10
Eldridge Barker	1	1	1	5	8	0	0	8
Richmon Harmon	0	1	1	0	2	0	7	9
Hugh Loller	1	4	1	2	8	0	0	8
Daniel Burnett	2	0	1	0	3	0	0	3
H. Sides	2	3	1	3	9	0	0	9
Ben Sides	1	0	1	4	6	0	0	6
Peter Baker	1	3	1	1	6	0	0	6
Thos. Lawrance	1	3	1	3	8	0	0	8
C. Sides	1	1	1	3	6	0	0	6
Moses Sides	1	0	0	0	0	0	0	1
John Mongomery	1	3	1	1	6	0	0	6
Levi Sides	1	4	1	1	7	0	0	7
John Cuningham	5	2	2	2	11	0	0	11
Wm. Stone	1	4	1	1	7	0	0	7
Wm. Sides	1	2	1	0	4	0	0	4
Stephen Vaughan	1	4	1	0	6	0	0	6
Lant Armstrong	1	0	1	1	3	0	0	3
Drury Ashcraft	2	3	1	4	10	0	0	10
James Vaughan	1	2	1	0	4	0	0	4
Edmon Vaughan	1	1	0	2	4	0	0	4
Oba Roberts	3	2	1	1	7	0	7	14
Kinchon Gamble	1	1	0	1	3	0	0	3
Vanyard Crawford	1	2	1	2	6	0	1	7
Wm. Ward	1	1	1	1	4	0	0	4
Thos. Potter	1	2	1	2	6	0	0	6

CENSUS OF ST. CLAIR COUNTY, 1820

	(1)	(2)	(3)	(4)	(5)	(6)	(7)	(8)
Peter Langford	1	3	2	3	9	0	0	9
Wm. Mackey	2	5	2	6	15	0	0	15
Wm. Dearmon	1	3	1	4	9	0	0	9
Rowten Crawford	1	2	1	3	7	0	0	7
John Shields	1	3	1	2	7	0	3	10
Dancer Hathcock	1	2	1	0	4	0	0	4
Wm. King	3	2	1	0	6	0	2	8
Wm. Carrson	1	1	1	0	3	0	0	3
Auston Hood	1	2	1	0	4	0	0	4
Richard Dearmon	1	2	1	5	9	0	1	10
James Hawkings	1	0	1	2	4	0	0	4
Nat Samuel	1	5	1	2	9	0	0	9
James Hood	1	3	1	2	7	0	0	7
S. Nicholas	1	1	0	0	3	0	0	3
Golder Fields	1	1	1	5	8	0	0	8
Wm. Hood	1	1	1	1	4	0	0	4
Robert Hood	1	3	1	0	5	0	0	5
Azel Jones	1	3	1	2	7	0	0	7
John Hood	1	2	3	2	8	0	0	8
Rich Arnton	1	1	1	1	4	0	0	4
Wm. Hood	1	1	0	1	3	0	0	3
James Cash	1	4	1	2	8	0	0	8
Wm. Berryhill	1	4	1	2	8	0	0	8
Wm. Montgomery	1	1	1	1	4	0	0	4
Richard Shelton	1	0	0	2	3	0	0	3
Linsey Milsted	1	4	1	2	8	0	0	8
James Benson	1	3	1	5	10	0	9	19
Thos. Hall	1	0	1	0	2	0	2	4
Abraham Hall	1	2	1	2	6	0	0	6

CENSUS OF ST. CLAIR COUNTY, 1820

	(1)	(2)	(3)	(4)	(5)	(6)	(7)	(8)
Jerrimeah Beason	1	0	1	1	2	0	0	2
John Varnom	1	7	1	2	11	0	0	11
Wm. Conden	1	2	1	1	5	0	4	9
James Smith	1	3	1	3	8	0	0	8
Solomon Bregimon	1	1	0	1	3	0	3	6
Robert Armstrong	1	5	1	3	10	0	0	10
James Ash	1	1	0	1	3	1	2	5
Wm. Lenard	1	2	1	1	5	0	0	5
David Lenard	1	2	1	4	8	0	0	8
Simean Johnson	1	4	1	4	10	0	0	10
John Ash	1	0	0	4	6	0	7	13
John Lewney	2	7	1	2	12	0	12	24
Isaac Hood	2	2	1	4	9	0	0	9
Hegrum Dempsey	1	2	1	0	4	0	0	4
John Lenard	1	0	0	1	2	0	0	2
Steph Garrison	1	2	0	1	4	0	0	4
Elizabeth Lawson	0	5	1	2	8	0	0	8
Peter Wagner	2	1	3	7	13	0	2	15
Rober Ray	1	0	1	0	2	0	2	4
John Wesson	2	3	1	0	6	0	0	6
John Crump	3	3	1	1	8	0	0	8
Mark Phillips	1	0	1	3	5	0	0	5
Calb Brothars	1	3	2	0	6	0	0	6
Even Wadkins	1	6	1	2	10	0	0	10
Abraham Wharton	1	0	0	2	3	0	4	7
Wm. Whorton	1	1	1	2	5	0	6	11
Robert Wines	1	1	1	0	3	0	1	4
Salley Peanix	0	2	1	3	6	0	5	11
William Walker	1	2	1	7	11	0	0	11

CENSUS OF ST. CLAIR COUNTY, 1820

	(1)	(2)	(3)	(4)	(5)	(6)	(7)	(8)
Nelson Battles	1	1	1	1	4	0	0	4
Wm. Brown	2	3	1	3	9	0	2	11
John Littlefield	1	2	1	2	6	0	0	6
Edmon Jones	1	5	1	2	9	0	0	9
John Thrasher	1	1	1	3	6	0	0	6
Isaac Love	2	4	1	3	10	0	0	10
Joeb Hollensworth	1	3	1	4	9	0	0	9
Adrew Caddel	1	3	1	3	8	0	0	8
Seelvania Pumphry	1	0	1	2	4	0	0	4
Wm. Cane	1	0	1	2	4	0	0	4
Samuel McCord	1	3	0	1	5	0	0	5
Jesse Fonden	1	6	1	0	8	0	2	10
Goode Green	1	3	1	2	7	0	12	19
James Long	1	2	1	3	7	0	0	7
Hugh Callaham	1	4	1	3	9	0	0	9
Josiah Night	1	0	1	0	2	0	0	2
Peter Meril	1	1	1	0	3	0	0	3
Lewis Adams	1	1	1	3	4	0	2	7
Holcomb McCraney	1	3	1	3	8	0	6	14
John Quin	3	0	1	4	8	0	3	11
H. Sheffield	1	2	1	1	5	0	0	5
Stephen Night	1	1	2	0	4	0	0	4
Stephen Williams	1	4	1	3	7	0	0	7
Ezekel Brothars	1	2	1	3	7	0	0	7
Robert Long	2	3	2	4	11	0	0	11
Francies McClung	1	0	1	0	2	0	0	2
James McCendon	1	3	0	1	5	0	0	5
Adam Sotherland	1	1	1	0	3	0	0	3
Wm. Magby	1	4	1	2	8	0	0	8

CENSUS OF ST. CLAIR COUNTY, 1820

	(1)	(2)	(3)	(4)	(5)	(6)	(7)	(8)
Phillip Walker	1	0	0	1	2	0	0	2
Robert Magby	1	0	0	3	4	0	0	4
James Beardin	1	2	1	5	9	0	0	9
David Magby	1	0	1	2	3	0	0	3
Wm Holloway	2	3	1	2	8	0	6	14
Rewben McCoy	1	5	1	0	7	0	0	7
James Phillips	1	4	1	3	9	0	0	9
Jesse Highs	1	1	4	0	6	0	0	6
Phillip Brothars	1	1	1	4	7	0	5	12
John Trammell	2	3	1	1	7	0	0	7
A. B. Trammell	1	1	1	0	3	0	0	3
H. Autrey	1	1	1	3	6	0	0	6
Adam Sheffield	1	5	1	2	9	0	0	9
A. Autrey	2	3	2	1	8	0	0	8
Peter McLehand	1	3	1	0	5	0	0	5
Barney Roark	1	3	1	1	6	0	0	6
Wm. Gray	1	3	1	1	6	0	0	6
James Johnson	1	0	1	3	5	0	0	5
H. Carter	1	2	1	0	4	0	4	8
John Stone	1	0	1	0	2	0	0	2
Hesikeah Love	2	2	1	1	6	0	0	6
Ansel Beardon	1	8	1	1	11	0	0	11
John Smith	2	6	2	3	13	0	0	13
Elizabeth Beardin	0	2	1	1	4	0	0	4
Charrtey Beardin	0	0	1	0	1	0	0	1
Wm. Bell	1	3	2	2	8	0	0	8
Peter Ragsdill	1	3	1	1	6	0	2	8
A. Moore	2	2	1	4	9	0	0	9
Eligh Bell	1	2	0	3	6	0	0	6

CENSUS OF ST. CLAIR COUNTY, 1820

	(1)	(2)	(3)	(4)	(5)	(6)	(7)	(8)
Edward Bell	1	2	1	2	6	0	0	6
James Roberson	1	2	1	3	7	0	0	7
John Roberson	1	3	1	2	7	0	0	7
Res. Skelton	1	2	1	3	7	0	0	7
A. Dollar	1	5	1	1	8	0	6	14
Wm. Rags	1	2	1	1	5	0	0	5
A. McNight	1	2	3	5	11	0	0	11
T. Stamps	1	1	1	1	4	0	0	4
H. Strauner	1	3	1	0	5	0	0	5
A. Casleburry	1	4	0	3	8	0	18	26
Levi Harper	1	0	0	1	3	0	0	3
David Casleburry	1	5	1	1	8	0	13	21
A. Dollar	1	1	1	1	4	0	0	4
Thos. Sloan	2	5	1	2	10	0	0	10
H. Soomaker	1	2	1	1	5	0	0	5
Wm. Kelley	1	0	1	3	5	0	0	5
James Ray	1	0	1	2	4	0	0	4
H. Shoomaker	2	1	1	0	4	0	0	4
Wm. Davidson	1	1	1	3	6	0	0	6
Jonathan Elard	1	0	1	2	4	0	0	4
J. Ratliff	1	2	2	1	7	0	0	7
John Blakley	1	0	1	0	2	0	0	2
Wm. Gremit	2	1	2	1	6	0	0	6
Joshua Ratliff	2	2	2	1	7	0	0	7
George Cooper	1	0	1	1	3	0	0	3
George Dayley	1	3	2	0	6	0	0	6
John Saxon	1	2	1	1	5	0	0	5
H. Box	1	2	1	1	5	0	0	5
James Blakeley	1	1	1	3	6	0	0	6

CENSUS OF ST. CLAIR COUNTY, 1820

	(1)	(2)	(3)	(4)	(5)	(6)	(7)	(8)
Charles Holt	2	1	2	1	6	0	0	6
Joshua Callahan	1	3	1	1	6	0	0	6
Wm. Gormon	1	5	0	1	7	0	2	9
Jessey Taylor	1	1	1	1	4	0	0	4
Vann Callahan	0	3	1	2	6	0	0	6
A. Bradford	1	2	1	2	6	0	1	7
Elisha Cockerham	1	2	1	2	6	0	1	7
Charles Dobbs	1	2	1	0	4	0	1	5
Charles Peirson	2	3	1	1	7	0	0	7
Chas. Cooke	1	1	1	3	6	0	0	6
Isaac Paine	1	3	1	1	6	0	0	6
M. Moore	1	2	1	2	6	0	0	6
H. Pybus	1	2	0	3	6	0	0	6
Jesse Copland	2	3	2	2	9	0	0	9
Salley Blyth	0	1	1	2	4	0	0	4
James Blyth	1	2	1	0	4	0	0	4
Wm. Mackey	1	1	1	1	4	0	0	4
James Hampton	1	1	1	2	5	0	0	5
A. Laster	1	3	1	5	10	0	1	11
H. Moore	1	1	1	4	7	0	0	7
David McClain	1	0	1	0	2	0	0	2
W. D. Riggs	3	0	0	1	4	0	0	4
George Riggs	1	1	1	4	7	0	0	7
S. McClendon	1	3	1	2	7	0	0	7
Joseph Pike	1	2	1	3	7	0	0	7
A. Moore	0	1	0	1	2	0	0	2
Thos. Washington	1	4	1	2	8	0	2	10
John Washington	1	0	0	2	3	0	0	3
B. Langford	2	3	1	1	6	0	1	7

CENSUS OF ST. CLAIR COUNTY, 1820

	(1)	(2)	(3)	(4)	(5)	(6)	(7)	(8)
Jesse G. George	1	1	0	1	3	0	2	5
Champ Langford	1	0	2	3	6	0	0	6
John Ramsey	1	0	1	2	4	0	4	8
Wm. Gordon	3	4	3	1	11	0	1	12
G. L. Patrick	1	5	1	3	10	0	12	22
George Hardwick	1	1	1	2	5	0	3	8
Samuel Means	1	1	1	0	3	0	0	3
Stephen Chaunault	1	2	1	1	5	0	0	5
A. Kaddell	1	2	1	3	7	0	5	12
Elisha Duvall	1	0	0	2	3	0	0	3
Thos. Raynolds	1	3	1	1	6	0	0	6
G. Payn	1	3	1	2	7	0	0	7
Wm. Faver	1	7	1	3	12	0	2	14
D. Greenwood	1	2	0	1	4	0	0	4
John Wadkins	1	3	1	2	7	0	0	7
A. Hendon	1	2	0	1	4	0	0	4
John Chanault	1	3	1	1	6	0	0	6
J. Hanock	1	0	0	1	2	0	0	2
Wm. McDanil	1	0	1	0	2	0	0	2
Jerremeah Gibson	2	0	1	4	7	0	0	7
Robert Morris	1	1	1	5	8	0	0	8
Stephen Sides	1	1	1	0	3	0	0	3
David Sellars	1	1	1	1	4	0	0	4
Samuel Read	1	1	1	3	6	0	0	6
Joseph Hill	1	3	1	2	7	0	0	7
Elizabeth Elett	1	2	2	3	8	0	0	8
Thos. Conell	1	0	1	3	5	0	0	5
Wm. Clement	1	6	1	0	8	0	0	8
George Hardwick	1	2	1	7	8	0	10	16

CENSUS OF ST. CLAIR COUNTY, 1820

	(1)	(2)	(3)	(4)	(5)	(6)	(7)	(8)
Wm. McCorkle	1	3	1	1	6	0	2	8
John McColum	1	0	2	0	3	0	0	3
John Greenwood	1	3	1	3	8	0	2	10
Henry Hall	1	3	1	4	9	0	0	9
Wm Peeples	1	1	1	1	4	0	0	4
Mary Dearmon	0	2	2	4	8	0	3	11
James Malden	1	0	1	2	4	0	0	4
Burwell Green	2	3	1	1	7	0	0	7
Lewis Watson	1	2	1	3	7	0	0	7
D. Hood	1	1	1	1	4	0	0	4
H. Malden	1	2	1	0	4	0	0	4
Margaret Sellars	0	2	1	2	5	0	0	5
James Ashcraft	1	3	1	2	7	0	0	7
A. McLeary	3	1	2	1	7	0	0	7
Temperance Coker	1	3	1	1	6	0	0	6
J. W. Carter	1	1	1	3	6	0	0	6
Jesse C. Roberts	1	0	1	1	3	0	3	6
A. Reaves	1	1	1	2	5	0	0	5
Wm. Compton	1	1	1	0	3	0	0	3
Samuel Hall	1	1	1	1	4	0	0	4
Merry Hall	1	0	1	3	5	0	0	5
George Brown	1	1	2	9	13	0	0	13
Wm. Watson	1	1	3	1	6	0	0	6
Wm. Hodges	1	2	0	1	4	0	0	4
Martin Franklin	1	3	1	3	8	0	0	8
Samuel Truss	1	1	1	5	8	0	2	10
Thos. Peeke	1	0	1	1	3	0	0	3
Reuben Phillips	1	2	1	3	7	0	0	7
Daniel McCoy	1	0	1	4	6	0	0	6

CENSUS OF ST. CLAIR COUNTY, 1820

	(1)	(2)	(3)	(4)	(5)	(6)	(7)	(8)
Gray Barber	0	2	1	1	4	0	0	4
Elenor Fannin	0	2	1	3	6	0	0	6
Wm. Almon	1	1	1	3	6	0	0	6
Bald Alord	1	5	1	1	8	0	0	8
James Truss	1	0	0	0	1	0	0	1
Elisha Horton	3	2	2	1	8	0	0	8
John McCollin	1	1	1	2	6	0	0	6
John Towers	1	0	0	0	1	0	0	1
James Parriss	1	0	0	0	1	0	0	1
Isaac Read	0	1	0	0	1	0	0	1
S. Ewson	1	4	1	2	8	0	0	8
James Ward	1	1	1	1	4	0	0	4
John Mitchell	1	2	1	2	6	0	1	7
David Brown	1	8	1	2	13	0	5	18
Vinson Bennett	1	1	0	0	2	0	0	2
Samuel Battles	1	4	1	3	9	0	0	9
Lewis Powell	1	5	1	3	10	0	0	10
Wm. Battles	1	0	1	0	2	0	0	2
Elis Hill	1	5	1	1	8	0	0	8
John Cheate	1	0	1	1	3	0	1	4
James Yourk	1	1	1	0	14	0	0	4
D. Winchester	1	3	1	6	11	0	0	11
Wm. Battles	1	4	1	3	9	0	0	9
Gordon Carden	1	2	1	2	6	0	0	6
Samuel Walker	2	9	1	0	12	0	2	14
Eligah Harrison	1	2	1	2	6	0	0	6
H. Williams	1	4	1	2	8	0	0	8
H. Sheffield	0	1	0	1	2	0	0	2
John Blackstocks	1	0	1	4	6	0	0	6

CENSUS OF ST. CLAIR COUNTY, 1820

	(1)	(2)	(3)	(4)	(5)	(6)	(7)	(8)
A. Sotharland	1	4	2	4	11	0	0	11
Wm. Cumles	1	4	1	4	10	0	0	10
Joseph Torris	1	4	1	2	8	0	0	8
Robert White	2	4	1	2	9	0	0	9
Robert Clark	1	3	1	1	6	0	0	6
Joel Chandler	2	3	2	4	10	0	14	24
Emrey Laid	1	0	1	2	4	0	1	5
Jacob Burgas	1	0	1	1	3	0	0	3
James Williams	2	0	1	3	6	0	0	6
Jesse Owens	1	5	1	1	8	0	0	8
Thos. Bowlin	0	1	0	2	3	0	0	3
J. Grigrey	1	2	1	0	4	0	0	4
J. W. Grigrey	2	0	0	0	2	0	0	2
Sion Bass	1	2	1	2	6	0	0	6
James Downing	1	2	0	3	6	0	0	0
D. B. Manley	1	1	1	0	3	0	0	3
Candler Aubery	1	1	1	2	4	0	1	5
Wm. Conel	1	4	1	2	8	0	0	8
Berry Dodd	1	4	1	1	7	0	0	7
D. Wagnon	1	1	0	1	3	0	0	3
J. H. Smith	1	2	0	2	5	0	0	5
John Doss	1	4	1	4	10	0	0	10
M. Lister	1	3	1	4	9	0	5	15
Levi Watson	1	2	1	1	5	0	0	5
Joseph Garner	1	3	1	3	8	0	0	8
Joshua Potts	1	2	1	1	5	0	0	5
P. Nailor	1	0	0	0	1	0	1	2
John B. Larrey	1	1	1	0	3	0	4	7
John Moody	1	3	1	2	7	0	0	7

CENSUS OF ST. CLAIR COUNTY, 1820

	(1)	(2)	(3)	(4)	(5)	(6)	(7)	(8)
Joseph Howard	2	0	1	0	3	0	10	13
Wm. Mathis	1	3	1	1	6	0	0	6
Isaac Casleburry	1	2	1	2	6	0	2	8
C. McNight	1	2	1	0	4	0	0	4
Oba Hester	1	1	1	2	5	0	0	5
John Dun	1	3	1	1	6	0	0	6
S. Gorden	2	2	1	3	8	0	0	8
N. Myres	1	7	1	2	10	0	4	15
R. Skelton	1	0	1	1	3	0	0	3
Wm. Akins	1	1	1	1	4	0	0	4
John Stephens	0	1	0	0	2	0	0	2
Wm. Patterson	1	1	1	0	3	0	0	3
John J. Mann	1	2	1	0	4	0	0	4
J. Hall	2	1	1	4	8	0	0	8
Thos. Hawkins	1	0	0	0	0	0	0	1
S. McCooke	1	3	1	2	7	0	1	8
Young Leath	1	0	1	0	2	0	0	2
M. Kidd	1	4	1	4	10	0	0	10
Webb Kidd	1	2	1	1	5	0	4	9
G. H. Thornton	1	0	0	0	1	0	0	1
J. W. Kidd	1	4	1	4	10	0	17	27
J. W. Night	1	0	0	0	1	0	0	1
D. Henderson	2	1	1	0	4	0	0	4
Randol Sherrold	1	2	1	3	7	0	5	12
Isaac Goolsby	1	2	1	5	9	0	0	9
Natus Kirk	1	4	2	1	7	0	4	11
Wm. Rowen	1	4	2	0	7	0	6	13
Thos. Harris	1	2	2	1	6	0	0	6
Wm. Rown	0	1	0	1	2	0	0	2

CENSUS OF ST. CLAIR COUNTY, 1820

	(1)	(2)	(3)	(4)	(5)	(6)	(7)	(8)
A. Lawlin	1	0	1	2	4	0	0	4
M. D. Thomason	1	1	1	2	5	0	4	9
John Bickerstaff	1	0	0	2	3	0	1	4
J. Dill	1	2	1	2	6	0	2	8
Thos. Baley	1	1	1	1	4	0	0	4
Green Baley	1	2	1	0	4	0	0	4
Richard Bridges	1	0	1	1	3	0	12	15
John Massey	1	2	1	1	5	0	2	7
Nichols Talley	1	1	1	2	5	0	9	14
Terry Nichols	2	0	1	2	5	0	0	5
James Hardwick	1	2	1	3	7	0	2	9
James Thomson	2	0	1	3	12	0	5	17
Eli Fiot	1	2	1	2	6	0	0	6
Moses Eleison	1	2	1	0	4	0	0	4
Lee Taylor	1	2	1	0	4	0	0	4
Susan Gates	0	1	2	0	3	0	0	3
Elenor Fannin	1	2	1	1	5	0	0	5
John Stead	1	1	1	2	5	0	0	5
Jesse Lovvill	1	2	1	3	6	0	0	6
John Gaston	1	3	1	4	9	0	0	9
John Newton	1	1	1	1	4	0	1	5
N. Wilkerson	1	1	1	4	7	0	0	7
Samuel Ware	1	3	0	3	7	0	0	7
Aggregate	583	1,062	503	929	3,077	8	550	3,635

SHELBY COUNTY CENSUS 1820

Names of the heads of families.
(1)—White males over twenty one years.
(2)—White males under twenty one years.
(3)—White females over twenty one years.
(4)—White females under twenty one years.
(5)—Total of white population.
(6)—Total of free people of colour.
(7)—Total of slaves.
(8)—Total of inhabitants.

	(1)	(2)	(3)	(4)	(5)	(6)	(7)	(8)
Bailey, Thomas	1	3	1	6	11	0	7	18
Finley, John	1	2	2	3	8	0	0	8
Harper, James W.	2	0	0	2	4	0	1	5
Mann, John J.	1	2	1	0	4	0	0	4
Pendergrass, Spencer	1	2	2	3	7	0	0	7
Morgan, Joseph	1	5	1	0	7	0	1	8
Davis, John	1	1	1	0	3	0	0	3
Thorington, Dozier	1	3	1	2	7	0	4	11
Robertson, Henry Junior	1	2	1	5	9	0	0	9
Robertson, Henry Seignier	1	2	1	3	7	0	0	7
Bradsher, Thos. Seignier	1	1	0	1	3	0	0	3
Hawkins, Thos. P.	2	3	1	2	8	0	3	11
Bradsher, Henry	1	4	1	1	7	0	0	7
Nelson, Elisha	1	0	1	2	4	0	0	4
Hughs, William Seignior	1	3	1	2	7	0	0	7
Hughs, William Junior	1	2	0	1	4	0	0	4
Mcgughey, Wm.	0	1	0	2	3	0	0	3
Ray, William	1	4	1	2	8	0	0	8
Bradsher, Thos. Junior	1	0	0	1	2	0	0	2
Mabry, Bartholomew	1	2	1	1	5	0	0	5
Carden, Robt.	1	3	1	3	8	0	0	8
Linsey, John	1	2	0	3	6	0	0	6

SHELBY COUNTY CENSUS 1820

	(1)	(2)	(3)	(4)	(5)	(6)	(7)	(8)
Linsey, Joseph	1	1	1	2	5	0	0	5
Seals, Herod	1	1	1	3	6	0	0	6
Dunlap, James	1	2	1	2	6	0	0	6
Shackelford, Jack	1	3	1	1	6	0	21	27
Havis, Minor W.	2	0	0	1	3	0	0	6
Eliet, Cornelius	1	0	1	1	3	0	3	6
Lee, Thomas	1	1	1	3	6			6
Crowson, Richard	1	4	1	6	12		2	14
Fletcher, David	1	3	1	1	6		2	8
Lee, William C.	1			2	3		1	4
Jordon, Uriah	1	2	1	4	8			8
Hill, Allen G.	1	1	1	3	6			6
Mcdanal, Jeremiah	1	2	1	2	6			6
Mcdanal, John	1		3	4	8		4	12
Hazlet, Benjamin C.	1	5	1	3	10			10
Neely, John	1	3	1	1	6		8	14
King, William	1	1		2	4			4
Miller, James B.	1		1		2			2
Eliet, Amos	1	5	1	3	10		2	12
Mardis, Ruben	1	4	1	1	7			7
Guy, Joseph	1		2	2	5			5
Owen, David	1	2	1	6	10			10
Adams, Daniel	1	3	1	4	9			9
Brown, Charles	1	3	1	4	9		9	18
Warnock, Robert	1	1	1	1	4		2	6
West, Joshua	2	4	1	3	10			10
Gamble, James	1	3	1	2	7			7
West, William	1		1	2	4		1	5
Holonback, Elizabeth		5	1	1	7			7

SHELBY COUNTY CENSUS 1820

	(1)	(2)	(3)	(4)	(5)	(6)	(7)	(8)
Wilson, Jesse	3	2	1	8	14		20	34
Coupland, William	2	2	1	2	7			7
Printice, Jno.	2	2	1	2	7	0	0	7
Wear, Bennet	1	3	2	7	13		2	15
Martin, Mcleroy.	1			1	2		2	4
Stone, Thos.	.2	1	1		4	0	2	6
Burns, Patrick	1	2	1	4	8	0	3	11
Tubbs, George	3	3	1	2	9	0		9
Rix, Josiah	1	1	1	4	7	0	5	12
Owens, James	2	1	1	1	5	0	10	15
Porter, Alexander	1	3	1	2	7	0	0	7
Powel, Edward W.	1		1	3	5	0	14	19
Person, William	1	2	1	2	6	0	0	6
More, John	1	4	1	2	8	0	0	8
Owens, Thomas H.	1	1	1		3	0	3	6
Carden, James	1	4	1	1	7	0	0	7
Mitchal, Nimrod	1	3	1	1	6	0	0	6
Masingill, John	1	2	1	1	5	0	1	6
Ferington, John	1	6	1	2	10	0	5	15
Hinkle, Henry	2	2	3	2	9	0	0	9
Robertson, William	1	0	1	4	6	0	0	6
Person, John	1	0	0	0	1	0	0	1
Henson, Mathew	1	0	1	1	3	0	0	3
Taylor, Elizabeth	0	5	1	1	7	0	0	7
Berry, James	1	0	0	2	3	0	0	3
Person, Henry	1	0	2	0	3	0	1	4
Lamb, James	1	0	0	1	2	0	4	6
Lawler, Isaac	1	0	1	1	3	0	0	3
Flemin, William	1	0	1	5	7	0	9	16

SHELBY COUNTY CENSUS 1820

	(1)	(2)	(3)	(4)	(5)	(6)	(7)	(8)
Linsey, James	1	0	1	0	2	0	0	2
Linsey, Davids	1	0	1	0	2	0	8	10
Gamble, William T.	1	0	0	0	1	0	0	1
Miller, David	1	0	0	0	1	0	0	1
Johnson, Isaac	2	5	2	3	12	0	3	15
Toomy, Mary	0	3	1	3	7	0	0	7
Lawler, John	1	1	1	1	4	0	0	4
Merony, John	1	0	0	2	3	0	0	3
Wilson, Benjamin	1	8	1	4	14	0	5	19
Arnold, Thomas H.	1	0	0	1	2	0	0	2
Jones, Moses	2	3	1	3	9	0	0	9
Gray, John	1	1	1	4	7	0	0	7
McLanahan, Samuel	1	3	1	3	8	0	0	8
McDavid, Jonathan	3	0	0	0	3	0	9	12
Davis, Benjamin	2	1	1	1	5	0	10	15
Dodd, Charles	1	5	1	1	8	0	0	8
White, David	1	0	1	1	3	0	0	3
Welch, Thomas	1	0	0	0	1	0	17	18
Cunningham, Joseph	1	0	1	1	3	0	1	4
Merony, Roady	0	2	1	7	10	0	0	10
Lawler, Henry	1	3	1	0	5	0	0	5
McHenry, Thomas	1	9	1	0	11	0	11	22
Millard, Nathaniel	1	0	2	3	6	0	0	6
Milliard, William	1	0	1	0	2	0	0	2
Henry, Ezekiel	1	4	1	1	7	0	1	8
Jones, Jesse	1	3	1	1	6	0	0	6
Arnold, Thomas	2	0	1	1	4	0	10	14
Parmer, William	1	4	2	5	12	0	0	12
Johnson, Jacob	1	3	1	0	5	0	0	5

SHELBY COUNTY CENSUS 1820

	(1)	(2)	(3)	(4)	(5)	(6)	(7)	(8)
Mulindore, William	1	1	1	3	6	0	0	6
Johnson, Myres	1	1	1	1	4	0	0	4
Runyon, Wear	1	1	1	0	3	0	0	3
Johnson, Osnus	1	2	1	7	11	0	0	11
Ross, Peter	1	3	1	3	8	0	1	9
Johnson, William	1	1	1	1	4	0	0	4
Mondine, Charles	1	2	2	3	8	0	1	9
McReynolds, David	2	2	1	2	7	0	0	7
Murphy, James	1	0	2	1	4	0	0	4
Farler, Obediah	1	0	3	0	4	0	0	4
Lemly, Ephraim	1	1	1	0	3	0	0	3
McLeroy, Andrew	1	0	1	4	6	0	10	16
Lee, Joseph D.	1	3	1	1	6	0	5	11
Taylor, Benjamin	1	3	1	2	7	0	23	30
Vardin, Holoway	1	0	1	0	2	0	0	2
Taylor, John F.	0	1	0	1	2	0	3	5
Nelson, David	1	1	1	0	3	0	0	3
Mink, Jacob	1	4	1	5	11	0	0	11
Crowson, Moses	1	4	1	3	9	0	0	9
Bynam, Alden	1	4	1	1	7	0	0	7
Crowson, William	1	4	0	1	6	0	0	6
Crowson, David	1	1	1	0	3	0	0	3
Jones, William	1	1	0	1	3	0	0	3
Rogers, Isaac	1	2	1	6	10	0	0	10
Gamble, Robert	1	0	1	2	4	0	1	5
Gamble, Aron F.	1	0	0	1	2	0	0	2
Wade, Ruben	2	2	1	2	7	0	20	27
Crowson, Aron	1	0	0	1	2	0	0	2
—, Samuel	0	2	1	0	3	0	0	3

SHELBY COUNTY CENSUS 1820

	(1)	(2)	(3)	(4)	(5)	(6)	(7)	(8)
Luke, Joseph W.	1	1	1	1	4	0	0	4
Lawler, Christopher	3	0	1	1	5	0	1	6
Lawler, John	1	4	1	2	8	0	0	8
Garner, Bradly	3	0	1	0	4	0	2	6
Lawler, Jesse	1	0	1	1	3	0	0	3
Lawler, Elisha	1	0	0	0	1	0	0	1
Wilson, William	1	2	1	4	8	0	0	8
Osley, Willis	1	4	1	2	8	0	0	8
Jones, Asa	1	5	1	2	9	0	0	9
Neighbours, Blasingame	1	3	1	3	8	0	0	8
Butler, Zacheriah	1	3	1	3	8	0	0	8
Hale, Joseph	1	3	2	2	8	0	0	8
Lenox, Richard	1	2	1	3	7	0	1	8
Payne, Thomas	2	0	1	1	4	0	2	6
Jackson, Samuel	1	0	1	2	4	0	0	4
Cowser, Richard	1	1	1	6	9	0	1	10
Woods, Oliver	1	2	1	2	6	0	0	6
Waits, John	1	4	1	0	6	0	0	6
Watters, Tilmon	1	3	1	1	6	0	0	6
Watters, Moses	1	5	2	0	8	0	3	11
Neighbours, Arter	1	3	1	4	9	0	0	9
Neighbours, Abraham	1	4	1	5	11	0	0	11
Shaw, Wiley	1	1	1	1	4	0	0	4
Linsey, Elijah	1	4	1	0	6	0	0	6
Bagwell, Frederick,	1	0	0	2	3	0	0	3
Mahan, John	1	3	1	2	7	0	1	8
Bullards, Allen	1	3	1	2	7	0	0	7
Shaw, James	1	0	0	2	3	0	0	3
Nixon, Henry	1	2	2	0	5	0	0	5

SHELBY COUNTY CENSUS 1820

	(1)	(2)	(3)	(4)	(5)	(6)	(7)	(8)
Watters, George	1	0	1	0	2	0	0	2
Reed, Charles	1	0	0	0	1	0	0	1
Naish, Abraham	1	1	1	2	5	0	0	5
Acton, Samuel	1	0	0	2	3	0	0	3
Acton, John	1	5	3	3	12	0	0	12
Lee, Needham	1	8	1	4	14	0	0	14
Wilder, John	1	2	1	5	9	0	0	9
May, Benjamin	1	0	1	5	7	0	1	8
Evans, Joshua	2	3	1	2	8	0	2	10
Evans, Jesse J.	1	3	1	4	9	0	0	9
Brown, John H.	1	0	0	0	1	0	5	6
Bailey, James	1	1	1	0	3	0	0	3
Overton, David	1	1	1	2	5	0	0	5
Poe, Claborn	1	1	1	4	7	0	0	7
Mason, Job	1	3	1	3	8	0	10	18
Hutchens, David	1	2	1	1	5	0	0	5
Johnson, John	1	0	0	0	1	0	0	1
Philips, William	1	5	1	1	8	0	0	8
Marr, John	1	0	1	1	3	0	0	3
Rowan, William Sr.	1	4	2	0	7	0	6	13
Rowen, William Jr.	0	1	1	0	2	0	0	2
Goldsby, Isaac	1	3	1	5	10	0	0	10
Hughs, George	1	2	1	3	7	0	0	7
Bobitt, John	2	3	1	4	10	0	0	10
Neil, David	1	4	1	3	9	0	6	15
Smith, Thomas	1	2	1	2	6	0	0	6
Vandike, John H.	1	2	1	0	4	0	0	4
Freeze, Jacob	1	4	2	4	11	0	0	11
Thomas, John	1	2	1	4	8	0	0	8

SHELBY COUNTY CENSUS 1820

	(1)	(2)	(3)	(4)	(5)	(6)	(7)	(8)
Gaston, John	1	3	1	4	9	0	0	8
Thomas, James	1	1	1	0	3	0	0	3
Wyatt, James	1	6	1	1	9	0	0	9
McDanal, Allen	1	1	1	1	4	0	0	4
Halk, Isaac	1	6	1	2	10	0	0	10
McDanal, John	1	0	0	1	2	0	0	2
Page, John	1	3	1	3	3	0	0	8
Pool, Wm.	1	3	1	1	6	0	1	7
Hawthorn, Jas., Jr.	1	1	1	7	10	0	4	14
Wallis, John	1	3	1	1	6	0	1	7
Forman, Isaac	1	0	1	1	3	0	0	3
McDanal, Nathan	1	3	1	2	7	0	0	7
Givens, James	1	3	2	3	9	0	1	10
Cox, Henry	1	1	1	2	5	0	0	5
Thomas, Andrew	1	1	1	2	5	0	3	8
Pool, John	1	3	1	0	5	0	3	8
Hardin, Henry	1	2	1	0	4	0	4	8
Herd, John	1	1	1	1	4	0	0	4
Nunley, Moses	2	5	3	6	16	0	5	21
Hering, Jas.	1	4	1	2	8	0	1	9
Johnson, Elizabeth	0	0	1	0	1	0	1	2
McLaughlin, Daniel SR.	1	1	0	1	3	0	1	4
McLaughlin, Alexander	3	3	1	2	9	0	1	10
Gilbert, Wm.	1	3	1	1	6	0	9	15
Givans, Samuel	1	2	2	3	8	0	7	15
Hariss, Wm	1	4	1	2	8	0	0	8
McLaughlin, O. Daniel, Jr.	1	2	1	6	10	0	0	10
Wallis, Wm.	1	4	1	3	9	0	0	9
McCain, Moses	1	2	1	0	4	0	0	4

SHELBY COUNTY CENSUS 1820

	(1)	(2)	(3)	(4)	(5)	(6)	(7)	(8)
Taylor, Daniel	2	3	1	3	9	0	0	9
Murphey, Samuel	1	3	1	2	7	0	0	7
Hodnet, Samuel	1	0	0	0	1	0	0	1
Hodnet, Thos.	1	0	0	0	1	0	0	1
Johnson, Henry	1	3	1	2	7	0	0	7
Summers, John A.	1	1	1	1	4	0	0	4
Hughs, Ennes	1	2	1	0	4	0	0	4
Ray, Joseph	1	5	1	1	8	0	0	8
Neil, Jas. H.	1	1	1	1	4	0	2	6
Mcdanal ,Thomas	1	3	1	4	9	0	0	9
Freeze, Jacob, Jr	1	4	1	3	9	0	0	9
Hamilton, Jas.	1	4	1	4	10	0	0	10
Malone, Davis	1	5	1	0	7	0	1	8
Reed, Geo. W.	1	1	1	1	4	0	0	4
Thomas, Jno.	0	1	0	1	2	0	0	2
Sparks, Jesse	1	4	1	2	8	0	0	8
Sparks, Isaac E.	2	0	0	1	3	0	1	4
McLaughlin, Jno.	1	3	1	2	7	0	0	7
Manly, Jno.	1	1	1	2	5	0	0	5
Lorance, Jno.	1	2	2	2	7	0	0	7
Coupland, Douglass	2	1	1	0	4	0	0	4
Cambell, Jno.	1	3	2	6	12	0	0	12
Hughs, Ralph E.	1	0	1	2	4	0	0	4
Cox, Alexander	1	3	1	0	5	0	0	5
Coupland, Samuel	1	2	1	1	5	0	0	5
Harvey, Thos.	1	1	1	2	5	0	1	6
Harrison, Benj.	1	0	0	0	1	0	0	1
Hariss, Thos/.	1	2	1	2	6	0	0	6
Babb, Joseph	1	1	2	5	9	0	0	9

SHELBY COUNTY CENSUS 1820

	(1)	(2)	(3)	(4)	(5)	(6)	(7)	(8)
Mitchel, Jno.	2	1	1	1	5	0	0	5
Ray, Elizabeth	0	1	1	2	4	0	0	4
Cameron, Wm.	2	4	1	2	9	0	8	17
Hawthorn, Jas.	1	0	0	0	1	0	8	9
McGuier, Timothy, Sr	1	1	1	1	4	0	0	4
Mcguier, Marget	0	2	1	3	6	0	0	6
Mcguier, Timothy, Jr.	1	0	0	1	2	0	0	2
Reed, Dahiel	1	3	1	0	5	0	0	5
Lowry, David	1	3	1	3	8	0	0	8
Mason, Jno.	1	0	1	1	3	0	1	4
Mcguier, Jno.	0	1	0	1	2	0	0	2
Huttan, Wm.	0	1	1	5	7	0	0	7
Donhan, Jonathan	1	5	1	3	10	0	0	10
Mason, Jas.	0	1	0	0	1	0	0	1
Kelly, Chas.	1	4	1	5	11	0	0	11
Howard, Isaac	1	1	1	0	3	0	0	3
Howard, Robert	1	2	1	0	4	0	0	4
Kelly, Robert	1	1	2	1	5	0	0	5
White, Gabriel	1	2	1	2	6	0	0	6
Hariss, Moses	1	2	1	2	6	0	0	6
Howard, Wm.	1	3	1	0	5	0	0	5
Pierce, Geo.	1	1	1	0	3	0	0	3
Dikes, Daniel	2	3	1	2	8	0	0	8
Mitchel Isaac	1	5	1	1	8	0	0	8
Mitchel, Wm.	1	2	1	0	4	0	0	4
Brooks, Jno. W.	1	1	1	0	3	0	0	3
Shepard, Robert	1	3	1	1	6	0	0	6
Bailey, Thos. L.	1	1	1	1	4	0	0	4
Bailey, Winey	0	3	2	3	8	0	0	8

SHELBY COUNTY CENSUS 1820

	(1)	(2)	(3)	(4)	(5)	(6)	(7)	(8)
Forde, Jency	0	4	1	3	8	0	0	8
Howard, Samuel	1	6	1	2	10	0	0	10
Mann, Abner	0	3	1	1	5	0	0	5
Avery, Henry	2	0	1	0	3	0	0	3
Ferrell, Wm.	4	0	2	1	7	0	0	7
Walker, James	2	3	2	2	9	0	0	9
Harrison, Nathaniel	1	2	1	1	5	0	0	5
Carrell, Denis,	1	0	1	0	2	0	0	2
Langley, Jno.	1	6	1	1	9	0	0	9
Shaw, —ally ?	1	2	1	2	6	0	0	6
Crawford, Christianey		2	0	0	2	0	0	2
Harrison, Thos.	1	1	1	0	3	0	0	3
Nixson, Wm.	1	1	1	3	6	0	0	6
Jones, Micajer	1	5	1	3	10	0	0	10
Garner, Vinson	1	3	1	4	9	0	0	9
Garner, Jas.	1	1	1	3	6	0	0	6
Garner, Polly	0	0	1	1	2	0	0	2
Loocus, Geo.	1	4	1	0	6	1	0	6
Loocus, Solomon	1	2	2	0	5	0	0	5
Booth, Adam	1	3	2	3	9	0	0	9
Mosley, Jacob	1	1	1	2	5	0	0	5
Piquot, Abner	1	1	1	2	5	0	0	5
Gibson, Geo.	3	2	1	0	6	0	0	6
Bowdon, Samuel	1	2	0	1	4	0	3	7
Low, Wm. B.	1	3	1	5	10	0	6	16
Wilmot, Walker	2	0	0	0	2	0	0	2
Tucker, Wm.	1	1	1	1	4	0	0	4
Towson, Charles	1	0	0	0	1	0	0	1
Anders, Jno.	3	1	1	0	5	0	1	6

SHELBY COUNTY CENSUS 1820

	(1)	(2)	(3)	(4)	(5)	(6)	(7)	(8)
King, Edmund	2	1	1	3	7	0	16	23
Smith, Thos. W.	2	7	1	2	12	0	1	13
Musick, Jonathan	2	0	2	5	9	0	4	13
Arnet, Thomas	1	3	1	2	7	0	0	7
Bell, Jno.	1	3	1	0	5	0	0	5
Richardson, Chas.	1	0	2	3	6	0	0	6
Seals, Eligah	1	2	1	3	7	0	0	7
Seals, Abraham	1	0	1	2	4	0	0	4
Seals, Greenberry	1	1	0	1	3	0	0	3
Seals, Chas.	1	1	1	4	7	0	0	7
Seals, Enoch	1	1	1	1	4	0	0	4
Hatley, Robert	1	5	1	0	7	0	1	8
Watson, David	1	0	1	0	2	0	3	5
Watson, Josiah	2	2	1	2	7	0	0	7
Guy, Wm.	1	1	0	1	3	0	0	3
Lovlady, Jno.	1	1	1	1	4	0	0	4
Francis, Jos.	1	0	1	0	2	0	0	2
Frost, Hannah	0	2	1	3	6	0	7	13
Frost, Benj.	0	1	0	1	2	0	1	3
Eliet, Amos	1	1	1	0	3	0	0	3
Eliet, Wm.	1	2	1	0	4	0	0	4
Butler, Christopher	(1)	3	1	2	7	0	0	7
Mcdanal, Wm.	2	1	1	0	4	0	0	4
Wilder, Ezekiel	1	0	0	1	2	0	0	2
Wilder, Wm.	1	1	0	2	4	0	0	4
Wilder, Geo.	1	0	1	1	3	0	0	3
Orr, Robert	1	0	1	0	2	0	0	2
Oldham, Jno.	3	4	1	0	8	0	0	8
Shote, Sanders	1	1	1	3	6	0	0	6

SHELBY COUNTY CENSUS 1820

	(1)	(2)	(3)	(4)	(5)	(6)	(7)	(8)
Thomas, Geo.	1	4	1	1	7	0	0	7
Love, Samuel	1	2	1	1	5	0	0	5
Love, Aaron	1	0	0	1	2	0	0	2
Eleson, Jos.	1	3	1	0	5	0	0	5
Eleson, Moses	1	2	1	0	4	0	0	4
Cooper, Wm.	1	1	1	4	7	0	5	12
Rowan, James	1	3	1	0	5	0	0	5
Jonen, Joseph	1	3	1	2	7	0	0	7
Wiley, Jas.	1	1	1	3	7	0	0	77
	382	690	334	638	2,044	0	448	2,492

ALABAMA IN 1870

CENSUS OF WILCOX COUNTY 1820

Names of the heads of families.
(1)—White males over twenty one years.
(2)—White males under twenty one years.
(3)—White females over twenty one years.
(4)—White females under twenty one years.
(5)—Total of white population.
(6)—Total of free people of colour.
(7)—Total of slaves.
(8)—Total of inhabitants.

	(1)	(2)	(3)	(4)	(5)	(6)	(7)	(8)
Robert H. Scott	3	3	1	1	8	0	15	23
John A. Gamble	2	2	1	0	5	0	1	6
Wm. J. Gamble	1	0	1	1	3	0	1	4
Young Johnston	2	1	1	1	5	0	11	16
Elexander Johnston	1	1	1	0	3	0	10	13
Francis Powel	1	0	1	0	2	0	11	13
Ashley Wood	1	1	1	0	3	0	7	10
Robert Brown	2	0	1	0	3	0	1	4
James Dale	2	0	0	0	2	0	4	6
John Speight	4	1	0	2	7	0	7	14
Thornton Brown	1	1	1	1	4	0	4	8
Wm. Gaston	1	0	0	0	1	0	5	6
David Boyd	2	2	1	2	7	0	4	11
Charles B. Were	1	1	1	0	3	0	1	4
Samuell B. Dickson	2	2	1	4	9	0	13	22
Robert J. W. Bell	2	1	1	0	4	0	3	7
James C. Drew	2	1	2	2	7	0	0	7
Elexander Beverley	2	3	2	2	9	0	0	9
Wm. Springle	1	1	1	1	4	0	2	6
Joseph Vaughn	1	6	1	3	11	0	0	11
Obadiah Dumas	1	0	1	0	2	0	20	22
Mary Ratliff	1	0	2	0	3	0	5	8

CENSUS OF WILCOX COUNTY 1820

	(1)	(2)	(3)	(4)	(5)	(6)	(7)	(8)
Wm. M. Christian	1	1	1	0	3	1	2	6
Alexander Autrey	1	2	1	0	4	0	0	4
Bailey Maness.	1	3	1	0	5	0	0	5
Joseph Morgan	1	0	0	2	3	0	0	3
John Campbell	1	4	1	3	9	0	7	16
Joshua Luker	1	2	1	4	8	0	1	8
Drury Childree	1	4	1	2	8	0	1	9
John N. Henry	1	3	1	0	5	0	0	5
Wm Mathews	1	0	1	3	5	0	0	5
Joseph Morgan	1	3	1	4	9	0	0	9
John C. Hair	3	2	1	3	9	0	0	9
James Morgan	0	2	1	0	3	0	0	3
Isam Shuffeild	1	2	1	3	7	0	0	7
Nathan Shuffeild	0	1	0	1	2	0	0	2
Wm Smith	1	0	0	2	3	0	0	3
Enoch Manes	2	0	0	0	2	0	0	2
John Wilkison	1	0	1	3	5	0	0	5
Harry G. Williams	1	0	0	0	1	0	21	22
Meshech Maness	1	4	2	3	10	0	0	10
Joshua Slone	1	3	1	1	6	0	6	12
George Morgan	2	6	1	0	9	0	7	16
Shedrich Maness	1	0	0	1	2	0	0	2
Elijah Hattam	2	4	2	0	8	0	0	8
Hiram Bale	1	1	1	1	4	0	0	4
Edwin L. Harris	1	4	1	2	8	0	8	16
John Moore	1	2	1	0	4	0	0	4
Thomas Long	2	3	1	0	6	0	7	13
—man Jams	2	2	2	1	7	0	0	7
Richard Small	1	1	1	0	3	0	0	3

CENSUS OF WILCOX COUNTY 1820

	(1)	(2)	(3)	(4)	(5)	(6)	(7)	(8)
Josiah Taylor	1	3	2	0	6	0	0	6
Unity Spiva	1	2	2	0	5	0	1	6
Darling Seal	1	0	0	1	2	0	0	2
John Colman	1	2	1	3	7	0	0	7
Joel Hill	1	1	1	2	5	0	0	5
Charles Wodard	1	4	1	1	7	0	0	7
John Wood	1	1	1	3	6	0	0	6
Wm Wodard	1	0	1	1	3	0	0	3
Benjamin Turner	2	1	1	2	6	0	0	6
James Jackson	1	1	2	1	5	0	0	5
James Mitchell	1	3	1	1	6	0	0	6
Caleb Cox	1	5	1	0	7	0	0	7
John Landron	1	1	1	0	3	0	0	3
Wm Traywick	1	1	1	2	5	0	0	5
Nathan Skinner	1	2	1	0	4	0	0	4
Zedakiah White	3	7	3	1	14	0	0	14
Robert White	3	1	2	2	8	0	3	11
Henry Hardy	1	1	2	2	6	0	0	6
Isaac Hayton	4	3	3	2	12	0	0	12
Bud C. Mathews	2	1	1	0	4	0	12	16
Henry Taylor	1	1	0	0	2	0	16	18
John Ratliff Jun.	1	3	1	1	6	0	13	19
Francis Hanson	1	2	0	1	4	0	4	8
Britain Belke	1	2	1	1	5	0	1	6
David White	0	3	1	1	5	0	13	18
Isaac Handley	2	4	2	1	7	0	17	26
William Fisher	2	4	1	0	7	0	14	21
Samuell Q. J. Bone	2	1	1	3	7	0	20	27
Robert Williamson	1	0	1	1	3	0	13	16

CENSUS OF WILCOX COUNTY 1820

	(1)	(2)	(3)	(4)	(5)	(6)	(7)	(8)
Thomas Evins	2	0	0	0	2	0	53	55
Stephen Day	1	0	1	1	3	0	1	4
Thomas Dunn	1	0	0	1	2	0	0	2
James McMillian	1	0	1	0	2	0	0	2
Patrick Dannely	2	0	1	0	3	0	2	5
Benjamin Dunn	1	5	2	1	9	0	0	9
Hiram Day	2	2	2	1	7	0	0	7
Wm Hobbs	1	4	1	6	12	0	7	19
Blackley Higginbotom	1	1	1	0	3	0	5	8
Thomas Rhods	2	1	1	1	5	0	5	10
Enoch Bell	1	2	1	4	8	0	5	13
John Huff	2	0	0	0	2	0	15	17
Jonathan Bell	1	3	1	4	9	0	4	13
Ritchard Eddins	1	3	1	4	9	0	2	11
Isrill Champin	1	1	1	1	4	0	0	4
Arthur B. Watson	1	4	1	4	10	0	6	16
James Wilson	2	0	1	0	3	0	11	14
Edward Wingat	1	1	1	1	4	0	0	4
Wm B. Eddins	2	0	0	0	2	0	0	2
William Eddins	1	3	1	1	6	0	3	9
Wallace Noble	1	2	1	0	4	0	0	4
John G. Ramsey	1	0	1	3	5	0	0	5
Green English	1	3	2	0	6	0	1	7
Carmich Tharp	7	3	2	4	16	0	0	16
Rubin Hill	2	5	2	1	10	0	14	24
Darling Glover	1	1	2	3	7	0	0	7
Thomas Carter	1	2	1	0	4	0	7	11
Abner Cleaveland	3	1	1	5	10	0	16	26

CENSUS OF WILCOX COUNTY 1820

	(1)	(2)	(3)	(4)	(5)	(6)	(7)	(8)
Joseph King	2	0	0	0	2	0	3	5
Joseph Gee	1	0	0	0	1	0	18	19
John H. McConnal	3	1	1	0	5	0	21	26
John Ratliff, Sinr	1	6	1	1	9	0	3	12
Edmond Merritt	1	4	1	1	7	0	0	7
James White	3	5	1	2	11	0	9	20
Rubin Satterwhite	1	2	1	3	7	0	13	20
Samuell Luckey	2	2	1	3	8	0	0	8
James Holley	3	3	1	6	13	0	2	15
Burrell Lasiter	1	2	1	1	5	0	0	5
Abraham Wells	2	3	1	0	6	0	0	6
James C. Irvin	1.	0	0	0	1	0	6	7
Elexander Outlaw	3	2	1	1	7	0	3	10
John Gawvoy	1	1	1	3	6	0	0	6
George W. Odum	1	1	0	1	3	0	0	3
D. Shepherd	1	1	1	4	7	0	0	7
Walter Taylor	2	2	1	0	5	0	16	21
John D. Chattertin	1	0	0	0	1	0	30	31
Charter L. Hilman	1	1	1	0	3	0	17	20
Wm Winn	1	5	0	0	6	0	0	6
Jonathan Nubary	1	6	1	3	11	0	0	11
John Jenkins	1	3	1	1	6	0	5	11
James Jenkins	1	1	1	3	6	0	6	12
Wm Hanks	2	4	1	4	11	0	0	11
Wm Owens	2	0	1	1	4	0	0	4
Stephen Miligan	2	0	1	2	5	0	0	5
Wm Smith	2	5	1	2	10	0	9	19
Daniell Green	1	3	1	3	8	0	0	8

CENSUS OF WILCOX COUNTY 1820

	(1)	(2)	(3)	(4)	(5)	(6)	(7)	(8)
Jerimiah Denis	1	0	1	2	4	0	0	4
Samuell Denis	1	0	1	2	4	0	4	8
Jerimiah A. Tharp	1	0	0	1	2	0	5	7
James Hamel	1	4	1	2	8	0	0	8
John G. Fry	1	1	1	2	5	0	0	5
Francis Low	2	1	1	1	5	0	2	7
Seth Smith	1	3	1	0	5	0	1	6
Thomas Bogin	1	3	1	2	7	0	1	8
Samuell Bogin	3	6	2	4	15	0	7	22
John McCondicho	3	2	2	1	8	0	14	22
John Thigpenn	2	4	1	3	10	0	3	13
Sampson Ethredge	1	4	1	2	8	0	0	8
John Lawson	2	6	2	4	14	0	1	15
Isaac Shuffeild	1	4	1	2	8	0	0	8
Thomas Thompkin	1	0	0	1	2	0	0	2
Peter Hair	1	0	0	1	2	0	0	2
Wm McKerall	3	0	1	0	4	0	27	31
E. Pharr	2	0	1	1	4	0	21	25
John Gullett	2	0	1	0	3	0	6	9
Waitmon Gullett	1	2	1	1	5	0	0	5
A. R. Smith	2	3	3	2	10	0	7	17
David Smith	2	0	1	0	3	0	0	3
Joseph Vaughn	1	5	1	4	11	0	0	11
Jonathan A. Brantey	1	2	1	4	8	0	0	8
James Nettles	1	5	1	3	10	0	16	26
John McArthur	2	1	0	0	3	0	3	6
Thomas McCants	1	2	1	2	6	0	11	17
John McCants	1	5	1	3	10	0	4	14

CENSUS OF WILCOX COUNTY 1820

	(1)	(2)	(3)	(4)	(5)	(6)	(7)	(8)
Wm Black	6	4	3	3	16	0	6	22
Jarrett Carter	1	0	1	1	3	0	5	8
John Sims	4	3	2	4	13	0	0	13
Charles Capell	3	2	1	0	6	0	30	36
John Devaughn	4	0	0	0	4	0	0	4
Samuell Lee	1	0	1	0	2	0	11	13
John Eads	4	2	1	2	9	0	38	47
JoJhn Wadkins	1	0	0	2	3	0	3	6
Wm McLendon	1	4	1	3	9	0	7	16
James Ingram	1	1	0	0	2	0	6	8
Andrew C. Horne	2	0	0	0	2	0	20	22
Wm Mason	2	2	2	0	6	0	17	23
John Beck	1	5	1	3	10	0	40	50
Mathew Wood	2	3	1	2	8	0	15	23
Samuell Packer	1	1	1	1	4	0	0	4
Noah Rogers	1	0	1	0	2	0	2	4
Jessee Bradley	1	3	1	0	5	0	7	12
John Blackman	2	0	3	2	7	0	33	40
George Nettles	1	0	0	1	2	0	3	5
James Rachels	1	2	1	2	6	0	0	6
Rhalf Gardner	2	1	1	2	6	0	0	6
Hector McNeil	1	1	1	1	4	0	3	7
John Horne	1	1	1	3	6	0	2	8
James A. Tait	3	4	1	0	8	2	69	79
George Williamson	3	1	0	2	6	0	46	52
Charles Thaxton	2	1	0	0	3	0	26	29
Charles L. Mathews	2	0	0	0	0	0	21	23
Osbern Jones	1	3	1	0	5	0	0	5

CENSUS OF WILCOX COUNTY 1820

	(1)	(2)	(3)	(4)	(5)	(6)	(7)	(8)
Aaron Baldwin	1	3	1	2	7	0	15	22
Robert H. Gregg	2	2	1	3	8	0	18	26
Lucy Strother	0	0	2	1	3	0	18	21
Neal Thomson	1	2	1	1	5	0	1	6
Hardy Green	1	4	1	0	6	0	0	6
Daniel Green	1	0	2	0	3	0	0	3
Simon Donald	2	2	2	3	9	0	13	22
Joseph Lowery	2	1	1	0	4	0	8	12
Wm Donald	1	4	2	1	8	0	14	22
Jonathan L. Kelly	1	1	1	2	5	0	0	5
Daniel Walker	1	0	0	0	1	0	0	1
Elijah Donald	1	1	1	1	4	0	2	6
Peter Filing	2	2	2	3	9	0	3	12
Jonathan Newman	1	2	0	2	5	0	12	17
Jessee Kelly	1	4	1	3	9	0	1	10
John Kelly	1	2	0	1	4	0	0	4
John Gilmore	1	2	2	3	8	0	0	8
Peter Filing Jun.	1	0	0	1	2	0	0	2
John Smith	2	1	0	1	4	0	1	5
William Linch	1	3	1	1	6	0	2	8
James Linch	1	3	1	1	6	0	0	6
John Linch	1	3	1	1	6	0	1	7
Edmond Wiggins	1	1	1	2	5	0	3	8
Enoch Kelly	0	2	2	4	8	0	0	8
Joel Mixon	2	1	1	3	7	0	0	7
Wm Hays	1	1	1	3	6	0	2	8
Peter Wetherly	2	1	1	1	5	0	0	5
Joshua Gates	1	0	2	0	3	0	0	3

CENSUS OF WILCOX COUNTY 1820

	(1)	(2)	(3)	(4)	(5)	(6)	(7)	(8)
Wm Smith	2	5	1	3	11	0	0	11
Nathaniel Walker	1	1	1	3	6	0	0	6
John Smith	2	0	1	2	5	0	2	7
John Wray	1	1	1	2	5	0	1	6
James Thomas	1	1	2	0	4	0	0	4
John Thomas	1	3	1	3	8	0	0	8
James Mitchell Sen	1	3	1	1	6	0	0	6
Daniel McLane	2	0	1	1	4	0	2	6
Thomas Philips	1	1	1	3	6	0	0	6
Isaac Luker	2	3	1	3	9	0	0	9
Wm Luker	1	1	1	1	4	0	0	4
Isaac Hayton	4	3	3	2	12	0	0	12
Henry Hardy	1	1	2	2	6	0	0	6
Robert White	3	1	2	2	8	0	3	11
Zedakiah White	3	7	3	1	14	0	0	14
D. C. Smith	1	1	1	1	4	0	2	6
Mathias Walker	1	1	1	1	4	0	0	4
E. McCOy	1	1	1	3	6	0	2	8
M. Williams	1	2	1	3	7	0	0	7
J. Averitt	2	1	1	3	7	0	0	7
A. Mullins	2	4	2	5	13	0	0	13

I do hereby Certify that the foregoing contains a true enumeration of the inhabitants of Wilcox County in the year 1820 Amounting to two thousand seven hundred and fifty five.

October 4th, 1820.   Ephriam Pharr.